平凡社新書
949

# 平賀源内

「非常の人」の生涯

新戸雅章
SHINDO MASAAKI



HEIBONSHA

# 平賀源内●目次

# プロローグ

「なんと、源内殿が……」

「はい、昨夜、伝馬町の牢内でお亡くなりになられたと」

「いやはや、なんとも痛ましいかぎりじゃ」

その一報を聞いた杉田玄白の悲哀は深かった。若い頃から親しく交わり、『解体新書』の刊行にも協力してくれたあの平賀源内が、あの江戸一番の才人が獄中死したというのである。

その一月ほど前、彼は人を殺《あや》めたとして奉行所に自首していた。それも玄白にとっては文字どおり青天の霹靂《へきれき》だった。晩年の源内は奇行があり、癇癪《かんしゃく》を起こすことも多かったが、まさか人殺しまでとは思いもよらなかったからである。

その上、獄中で人生を終えるとは。いかに自由を愛し、風狂人を自任した男でも、あまりに惨めな最期ではないか。

源内の亡骸《なきがら》は妹婿に引き渡され、葬儀が友人、門人の手で営まれた。その後、玄白の尽力で浅草の総泉寺に墓碑が建てられた。そこには畏友の死を悼む玄白の心情が次のように刻まれていた。

嗟　非常ノ人、非常ノ事ヲ好ミ、行ヒ是レ非常、何ゾ非常ニ死スルヤ

「非常の人」、源内をあらわすにこれほどふさわしい呼び名はなかっただろう。

博物学者であり、鉱山技師であり、電気学者、化学者、起業家、イベントプランナー、技術コンサルタントであり、日本最初の西洋画家であり、ベストセラー小説『風流志道軒伝《ふうりゅうしどうけんでん》』や人気戯作『神霊矢口渡《しんれいやぐちのわたし》』の作家であり、「本日丑の日」で知られる日本最初のコピーライターであり、CMソングの作詞家でもあった。

いずれの分野でも先駆的な業績を残し、最後は殺人者として獄中死する。

凡人には目がくらむような、華々しく、常ならざる人生である。しかしてその非常さゆえに、彼の評価は生前から揺れ動き、今も定まっていない。ある者は、山師といい、ある者はあまりの多才ゆえにまとまった業績を残せなかったと才能の浪費を惜しむ。ある者は早過ぎた近代人と呼び、また、偉大な万能人としてレオナルド・ダ・ヴィンチと、大発明家としてエジソンと並び称す。この評価の多様さがそのまま源内という人物の多才さと結びつく。

平賀源内の肖像画（木村黙老『戯作者考補遺』より／慶應義塾図書館蔵）

だが、すべて含めて源内はやはり源内なのである。その変幻自在、八面六臂《はちめんろっぴ》の人生をバラバラに切り取ることなく、できるだけまるごと捕捉しようというのが、本書のいささか無謀な試みである。その目論見に沿って、まずは彼の生い立ちから見ていくことにしよう。

# 第一章　志度の天狗小僧

## 志度の天狗小僧

「これが今評判の御神酒《おみき》天神かいの。そやけど、なんちゃ変わったところはないけんどな」

「そや、よう描けた天狗様やけども、ちっとも変わらんけん」

「なっ、そやろ」

ここは讃岐高松藩の御米蔵番を務める白石茂左衛門宅の一室。数人の客が床の間に掛けられた天狗の掛け軸を興味津々の様子でのぞき込んでいる。かたわらには一人の少年がちょこんと座り、すました顔で大人たちの話を聞いている。やがて少年が、天狗の使いのような調子で告げた。

「御神酒をあげまい」

言われるまま客の一人が掛け軸の前に徳利を供えた。するとどうだろう。なにかの魔法にでもかけられたように天狗の顔がみるみる赤くなっていくではないか。まるで徳利の酒が回ったように。

「おおっ」

「なんとかー」

「ほんまに赤うなったけん」

「すごかー、ほんに天狗のようやの。天狗小僧やの……」

「ほんまや、天狗小僧や」

平賀源内が生まれたのは、江戸中期の享保一三年（一七二八年）とされている。出生の記録は残されていないので、没年齢から逆算して推測した出生年である。

誕生の地は四国東部の高松藩志度浦《しどうら》。現在の香川県さぬき市志度である。瀬戸内海につながる風光明媚《ふうこうめいび》な志度湾に面し、気候温順な土地である。村落内には四国八十八ヵ所霊場の八六番目札所の志度寺があり、その門前町でもあった。

源内の幼名は四方吉・嘉次郎。諱《いみな》（本名）は国倫《くにとも》である。号は鳩渓《きゅうけい》。

父白石茂左衛門（良房）はこの地を治める高松藩の御米蔵番を務める下級武士だった。待遇は一人扶持《いちにんぶち》切米三石。とても生計は立てられない捨扶持ほどの俸給だった。このため白石家の本業は農業で、そのかたわら蔵番に出仕していたと見られている。

母は山下氏の娘。兄弟は兄が二人か一人、姉妹は一姉四妹または七妹とされている。二人の兄は早世し、妹も次々亡くなり、成人したのは源内と一五歳年下の妹里与だけだった。

白石家の先祖をたどると、『太平記』のヒーローの一人である平賀三郎国綱《くにつな》に行き着く。国綱は大塔宮護良親王《おおとうのみやもりよし》に従った南朝の忠臣で、「平賀の智」と称えられた知将だった。

国綱の子孫は信濃国佐久郡の豪族としてその地を統治してきたが、戦国時代、平賀玄信（源心）の代に甲斐の武田信虎・晴信（信玄）父子に滅ぼされてしまった。

その後、奥州白石に落ち延び、伊達氏に仕えるとともに、姓も白石と改めた。のちに宇和島《うわじま》藩主家に従い四国へ下ったが（宇和島は奥州と同じく伊達家が統治）、同僚の讒言《ざんげん》により讃岐国寒川郡小田浦に流され、その地で帰農したという。

香川県さぬき市志度の平賀源内の旧邸

曾祖父の代に高松藩に召し出されて志度浦蔵の蔵番になり、その役目が父茂左衛門にまで受け継がれたのだった。

幼い頃から利発だった源内はさまざまなからくりを工夫して、家人や村人たちを驚かせたという。なかでも、「御神酒天神」の掛け軸は大人たちを驚嘆させた。

天神の姿が描かれた掛け軸の前に御神酒を供えると、それを見て源内少年が仕掛けの糸を引っ張る。すると、裏側の赤い紙が薄い紙に描かれた天狗の顔の部分に来て、その顔が赤く変わるというものである。たわいない仕掛けといえばそれまでだが、源内のからくりの才を示すとともに、鬼面人を驚かす生き方の萌芽と見ることもできるだろう。

こうして、いつしかついた異名が「天狗小僧」。

前出のように白石家は蔵番と言っても本業は百姓だったが、家は比較的裕福だったと思われ、父茂左衛門は息子の教育に熱心だった。ただし源内が誰の下で、どのような教育を受けたかについては曖昧《あいまい》な部分も多い。その中でも、山田郡古高松（現高松市）の藩儒菊池黄山《こうざん》のもとで儒学を学んだことは間違いないとされている。儒学は当時学問を志す者の必須教養だった。

この黄山の下ではのちの源内を形成するある出会いがあったという。同門で四つ年上の三代目三好喜右衛門と仲良くなり、彼から本草《ほんぞう》学を学んだとされているのだ。三好家は高松領内の阿野《あや》郡陶《すえ》村（現香川県綾歌郡綾川町陶）の名家で、父は陶芸家だった。源内は彼の家に出入りするうち、陶土の選定など陶芸の基本を学び、この時の経験が後年の源内焼（志度焼）の創出に活かされたのではないかと見られている。

ほかに高松藩の藩医久保桑閑《そうかん》のもとでも、薬学や本草学を学んだとされている。

このようにさまざまな知的関心を示した志度の天狗小僧だったが、成長するにつれ、特に本草学に惹かれ、やがて生涯の仕事と定めるまで傾倒していった。

## 本草学

本草学とは何か？　これは薬になる植物や鉱物を研究する学問で、現在の分類では薬物学に近かった。古くから中国で発達し、日本には奈良時代に渡来した。以来千年、もっぱら京都の朝廷周辺のみで行われてきた。

江戸時代中期、京では稲生若水《いのうじやくすい》、松岡恕庵《じよあん》、小野蘭山《らんざん》、丹羽正伯《にわしようはく》らが博物学的本草学を極め、大坂には寺島良安《りようあん》、木村蒹葭堂《けんかどう》、戸田旭山《きよくざん》などが現れた。江戸では中国の李時珍《りじちん》が著した『本草綱目』に刺激を受けた田村藍水《らんすい》が、独自の境地を開いた。

本草学が発展する転機となったのは、徳川吉宗による蘭学の一部解禁だった。本草学的知識は実用性が高く、幕府が危険視し、排斥してきたキリスト教的背景も薄かったため、特に解禁しやすかったのである。これによりヨーロッパから輸入された博物学書が、本草学者たちに多大な刺激を与えるようになった。特に大きな影響を与えたのが、レンベルト・ドドエンス（ラテン名はドドネウス）の本草書だった。

ドドエンスは源内の誕生から遡《さかのぼ》ること二百年あまりの一五一七年、フランドル（現在のオランダ南部、ベルギー西部、フランス北部にかけての地域）に生まれた医師、植物学者である。彼が一五五四年に出版した『クリュードベック』（『紅毛本草』の原著）は、七一五の図版からなる植物書で、薬草を多く扱ったので薬学書としての評価も高かった。フランス語訳が出たのち、英語、ラテン語、オランダ語などに翻訳され、当時としては聖書に次いで多く翻訳された書物となった。日本では、吉宗に命じられた本草学者の野呂元丈《のろげんじょう》により抄訳（『阿蘭陀《オランダ》本草和解』）され、本草学界に多大な刺激を与えた。

この後、本草学は生物や鉱物の収集、分類を含む博物学的色彩を帯びつつ発展し、やがて全国に普及していった。

もともと本草学の目的は思想的背景などをのぞけば、西洋の博物学とほぼ内容を一にする。どちらもその基本は、天然に存在する多様な動物、植物、鉱物を収集し、種類、性質、分布などに基づいて分類・整理することにある。英語では natural history といい、現在では自然誌または自然史と訳されている。

西洋における博物学は、アリストテレスの『動物誌』、プリニウスの『博物誌』に始まり、一六世紀のコンラート・ゲスナー、レンベルト・ドドエンスをへて一八世紀以降、隆盛期を迎えた。これは、帝国主義の台頭とともに世界各地を探検して珍奇な動植物を収集することが流行となったためである。その代表が南北アメリカを探検行し、大著『コスモス』を著した「近代地理学の祖」アレクサンダー・フォン・フンボルトである。その他多くの探検家、学者がその収集をもとに数多くの美麗な図譜を出版し、博物学の黄金時代を迎えた。

しかし博物学の隆盛は、一八世紀のリンネの分類学、ダーウィンの進化論をへて、近代的な生物学が成立するまでだった。以降は、それに含まれていた多くの学問領域が、動物学、植物学、鉱物学など、近代的学問領域に振り分けられていった。

日本の本草学も、幕末、リンネに基づく植物学書を著した宇田川榕庵《うだがわようあん》らによって近代植物学に変貌していった。ただし榕庵も博物学的興味は強く、彼以降もその関心は明治の南方熊楠《みなかたくまぐす》や牧野富太郎に受け継がれていった。

源内が本草学に興味を持ったのは、まさに日本におけるその興隆期だった。珍しい事物にふれる機会の多いその学問は、好奇心旺盛《おうせい》な源内にはうってつけだっただろう。

寛延二年（一七四九年）、源内が数え年二二歳のとき、父の茂左衛門が亡くなった。これにより家督を継ぎ、父同様御米蔵番として出仕するようになった。待遇も父と同じ一人扶持切米三石。前にも述べた通り、生活の足しになる程度のささやかな俸禄だった。

このとき自ら望んで、姓を改め、敬愛する先祖の姓である平賀を名乗った。同じ頃、藩の薬草園を管理する御薬坊主の下役として登用された。本草学者としてのスタートはまずは順調だったと言えよう。

## 俳諧師源内

本草学と並んで、子供時代の源内をとらえたものに俳句があった。幼い頃から文芸を好んだ源内は、遠祖平賀三郎の活躍する『太平記』や、楠木正成《くすのきまさしげ》、正行《まさつら》、正勝《まさかつ》三代の活躍を描いた畠山郡興著『三楠実録』などの軍記物を熱心に読んだという。また俳句を作り、のちに高松藩内の俳諧仲間に加わった。

俳諧は当時のインテリの必須教養の一つとみなされていたので、どこでも盛んで、全国的なネットワークも形成されていた。志度の俳諧は、系統としては大坂の椎本《しいのもと》才麿《さいまろ》につながっていた。

源内の俳号は「李山《りざん》」。俳諧の師は才麿の流れを汲む指月堂芳山。二八歳で故郷を離れるまでかなり熱心に作句に取り組み、藩内では相当に評価される存在だったようだ。

しかし一時期、源内と交流のあった有名な狂歌師、大田南畝《なんぽ》（蜀山人《しょくさんじん》）の評は辛辣である。彼は「霞にてこして落とすや峯の滝」という源内の子供時代の一句を紹介しながら、源内の俳句・詩文全体については、「源内未ダ詩文ヲ知ラズ。狂歌・俳諧に至リテモ、未だ一首一句の佳ナルヲ見ザルナリ。イハンヤ詩文ヲヤ……」と酷評している。

実際、現存する源内の句には、代表作と言えるほどのものは残されていない。俳諧師としてはせいぜい地方の文士どまりだったが、後年の戯作者源内の基礎はこうした修業にあったと思われる。

俳諧では、実作よりもむしろそこで生まれた人間関係が大きかっただろう。とりわけ親交を深めたのが、志度の名家宇治屋の六代目である渡辺伝左衛門儀（俳号は三千舎《みちのや》桃源《とうげん》）だった。桃源は源内が志度を離れた後も、久保桑閑らとともに郷里の友人として、またパトロン的存在として、その活動を支援し続けた。

# 第二章　長崎遊学

## 蘭学の興隆

源内が下役となった御薬坊主とは、どのような仕事だったのか？

一口に言えば藩の薬草園を管理するお役目である。源内の主君松平頼恭《よりたか》は薬草・薬園に関心が高く、山の麓にあった薬園を現在の栗林《りつりん》公園内に移設するなどその充実に努めた。源内はその管理という大事な役職の補佐を命じられたのである。もっとも源内研究の泰斗城《じょうふくいさむ》福勇氏は、実際は非常勤の下働き程度で、大した仕事はしていなかったのではないかと見ている。

自分の能力はこんなものではない。こんなところで埋もれるような小器ではない。若き本草学者は満々たる自信と、己の境遇の落差に引き裂かれていたに違いない。そ

栗林公園内に残る百花園（薬園）跡

んな源内の将来にとって決定的な出来事が起こったのは、家督を継いでから三年後のことだった。藩に提出していた長崎遊学の願いが認められたのである。

ご存じのように江戸時代の長崎は外国に開かれた唯一の窓だった。その狭い窓を通してオランダや中国などの文物が流入してきた。そこから始まったのが蘭学である。

蘭学はヨーロッパから伝えられた学問の総称で、対象がオランダ語の書物だったためそう呼ばれたのだった。

遡って、江戸初期の寛永七年（一六三〇年）、キリスト教思想の流入を恐れた幕府は禁書令を布いて、キリスト教関係の漢訳書三二種の輸入を禁じた。布教と関係のない西洋書の輸入まで禁じられた。

その禁を緩めたのが八代将軍徳川吉宗である。吉宗が改暦を行った際、天文学者中根元圭《げんけい》は蘭書の輸入を認めるよう進言した。暦の正確化を期すため、西洋天文学の知識がほしいという理由だった。

古来、暦の製作は為政者の最も重要な仕事の一つで、それが不正確なら国の威信にかかわる。もし、蘭書によって暦の正確さが増して幕府の権威を高められるのなら願ってもないこと。しかも殖産振興を幕政の基本方針に掲げる吉宗は、海外の物産の情報に飢えていた。そこでキリスト教に直接関係のない実学書に限って輸入を認めたのである。

これを機に吉宗は蘭学を奨励、サツマイモの普及で有名な儒学者青木昆陽《こんよう》と、本草学者の野呂元丈に蘭語習得を命じた。これを受けて青木は『和蘭《オランダ》文訳』『和蘭文字略考』などの蘭語辞書や入門書を残した。野呂はポーランドの博物学者ヨハネス・ヨンストンの『鳥獣虫魚図譜』の抄訳『阿蘭陀禽獣虫魚図和解』や、レンベルト・ドドエンスの『紅毛本草』の抄訳『阿蘭陀本草和解』を著した。これらは西洋博物学の初紹介となるものだった。これを機に蘭学の隆盛が始まるが、その担い手となったのはいわゆる「長崎通詞《つうじ》」たちである。

長崎通詞とは、長崎の出島でオランダ語の通訳と貿易事務を担う役人で、三十数家で世襲とされた。大通詞、小通詞、稽古通詞など細かく段階に分かれ、多い時には総数約一四〇人に達した。

彼らは青木や野呂の活動に影響を受け、語学を通して蘭学にめざめていった。この胎動を牽引した立役者は、大通詞吉雄幸左衛門《よしおこうざえもん》(耕牛《こうぎゅう》)である。代々の通詞の家に生まれ、二五歳の若さで大通詞に昇進した吉雄は、以後、五〇年あまりも通詞界の大立者として活躍する一方、天文、地理、医学などでも指導的役割を果たした。蘭方外科に学んで吉雄流外科を打ち立て、杉田玄白、前野良沢《りょうたく》、司馬江漢《しばこうかん》など数多くの門弟を指導、蘭学の発展に多大な功績を残した。

玄白が『解体新書』を上梓した際、吉雄に序文を依頼したのはその恩に少しでも報いるためだっただろう。源内も長崎遊学中には何かと世話になっている。

吉雄に続いて通詞から蘭学の発展に尽くしたのが、コペルニクスの地動説を最初に紹介した本木良永《もときりようえい》や、日本に最初にニュートン物理学を紹介した志筑忠雄《しづきただお》、志筑の弟子で、『厚生新編』の訳述に従事、日本最初の露和辞典を編んだ語学の天才馬《ば》場《ば》佐十郎《さじゅうろう》などである。

源内が目指したのは、そうした蘭学がまさに興隆しようとする長崎であり、町中に異文化交流による熱気があふれていた。城福氏と並ぶ源内研究の大家である芳賀《はが》徹《とおる》氏が、源内はいわば「その地における蘭学事始の時期に立ち会ったのだと言ってよい」と述べているのはまさに的確な表現だろう。

## 長崎遊学へ

それにしても長崎遊学などまだ珍しかった時代。まして一介の下級藩士がそれを願い出るなど、常識外れ以外の何ものでもなかった。だが若き源内の旺盛な好奇心と進取の気性は、じかに「西洋」とぶつからずにはいられなかったのである。

源内にとって幸運だったのは、時の高松藩主が松平頼恭だったことである。頼恭公は高松藩中興の祖とうたわれた名君で、武芸から学芸まで諸芸に通じていただけでなく、藩の財政を建て直すため殖産興業を奨励、製糖や塩田の振興にも力を注いだ。

本草学にも強い関心をもち、前出のように松平氏の別荘である栗林荘内の庭園

（現在の国の特別名勝「栗林公園」）に薬園を移設して薬草を栽培、産物の開発に努めた。博物学書もまとめ、絵師三木文柳《みきぶんりゅう》に図譜を描かせた魚譜『衆鱗図《しゅうりんず》』、禽譜『衆禽画譜《しゅうきんがふ》』、草木譜『衆芳画譜《しゅうほうがふ》』などは、いずれも写実の極を示す逸品と評されている。

薬草園における源内の仕事ぶりは伝わっていないが、その博識は同じ関心を持つ藩主にも伝わらなかったはずはない。彼が破格の遊学を認められた背景には、この主君の内命があったのではないかと推測されている。

宝暦二年（一七五二年）、源内は恩師久保桑閑に随行して長崎に向かった。この遊学中に源内が何を学んだかという資料は残念ながら伝わっていない。ただ、蘭学を志す多くの学徒と同じように、大通詞吉雄幸左衛門の元を訪れたのは間違いないと見られている。

吉雄は面倒見がよく、長崎を訪れる遊学生たちに等しく親切に接し、自宅に設けたミニ博物館で、収集した舶来の珍器奇書を惜しげもなく披露したという。

珍しい文物に溢れる長崎で過ごした約一年の間に、源内は本草学、オランダ語、医学、油絵、自然哲学（科学）など、西洋の最新知識を乾いた砂のように吸収したはずである。そこから日本の学問や産業のあり方を深く考えるようになったことは、その後の言動からも証明される。

宝暦三年、源内は実り多い遊学を終え、讃岐に帰り着いた。約一年の長崎滞在だった。

その翌年、源内は藩に病身を理由に辞職願いを出した。もちろん病身は口実。長崎で吸収した知識をバネに、江戸に出て本草学者として立とうと決意したのである。

この時の源内の思いはどのようなものだったのか。おそらく彼の頭の中には、長崎で接した西洋の文物、珍器、奇器、物産の類が渦巻いていたことだろう。その知識を活かして、江戸で本草学者として名を成したい。できれば仕官して出世も遂げたい。そんな野心に満ち満ちていたに違いない。

志度の鬼才は今まさに羽ばたこうとしていたのである。

幸い藩に願いを聞き届けられると、源内はもう一つ大きな決断をした。末の妹里与のため婿養子に従弟の岡田権太夫を迎えて、平賀家を継がせたのである。己の志のため、俸禄と家督をふたつながら捨てたわけである。源内二七歳のことだった。

# 第三章　江戸へ

## 江戸の繁栄

江戸行きが決まってからも、源内はしばらく故郷に留まった。なぜか？　江戸での活躍を思い描きながらも、国を捨て、家族も、友も捨てての旅立ちとなると、流石《さすが》にためらいが出たのだろう。この頃の心境を彼は送別の宴での句に託している。

井の中をはなれ兼たる蛙かな

藩の許可を得てから一年半あまりの宝暦六年（一七五六年）三月、井の中の蛙は、ついに故郷を立った。俳友の渡辺桃源が同行した。

故郷を磁石に探る霞かな

こちらは明石に向かう船上の一句である。故郷への思いを託すのに、磁石という長崎仕込みの最新知識を持ち出したところが、いかにも気鋭の本草学者らしい。続けて、旅先での一句。

湯上りや世界の夏の先走り

芳賀氏はこの「先走り」という言葉に注目し、先走りの人生を駆け抜けた源内の生涯を予見しているようだと評している。

明石に着くと同じく俳友の安芸文江《あきぶんこう》が待っていた。文江はそこから真っ直ぐ有馬温泉に向かい、源内と桃源は大坂を回ってから合流した。三人は有馬温泉で四〇日ほど逗留し、別れを惜しんだ。この間三人は有馬の名所を詠み込んだ句を作り、それが短冊に摺られて売り出されたという。この俳諧紀行が『有馬紀行』である。

その後、源内一人で大坂に向かい、以前から交渉のあった高名な本草家戸田斎《いっき》（号は旭山）のもとを訪ねた。

旭山は本業は医者だが、熱心な本草家で、自宅に「百卉園《ひゃっきえん》」と名付けた薬草園を設け、本草家を集めた物産会も開催していた。その参加者には幕府医官田村元雄（号は藍水）をはじめ、後藤梨春《りしゅん》、松田長元《ちょうげん》、木村蒹葭堂といった著名な本草家が名を連ねていた。

源内は旭山と師弟の交わりをし、ここに数カ月滞在した。その後、田村元雄宛ての紹介状をもらって江戸に下った。

源内が入府した宝暦六年当時の江戸は開府以来約一五〇年。人口は一〇〇万を超える世界でも稀に見る大都市に発展していた。繁栄を導いて来た建設の時代は終わったが、商業の発展により町人層が勃興、歌舞伎、戯作、俳諧、狂歌、浮世絵など町人文化の隆盛がもたらされようとしていた。また学芸の分野でも、吉宗による蘭学の一部解禁の影響により、蘭学の隆盛が始まろうとしていた。

そんな活気あふれる都に、野心満々の若者が——といっても当時の二九歳は決して若くなかったが——己の才覚のみを武器に、文字通り徒手空拳で飛び込んでいったのである。

## 江戸の本草学者

源内は江戸に入ると、早速、当初の目的であった田村元雄の門をたたいて弟子入りした。

元雄は江戸の町医だったが、石薬や薬用人参の知識に明るく、その学識によって幕府から朝鮮人参国産化の研究を命じられた。この時、まだ二〇歳の若さだった。その後、幕府医官に登用され、日光の朝鮮人参栽培地の管理を任されるようになった。

元雄の抜擢《ばってき》には、将軍吉宗の殖産振興に対する強い思い入れがあったと考えられている。古くから万能薬として知られていた朝鮮人参だが、当時はすべて輸入品で、きわめて高価、そのため富の国外流出を招いていた。これを国産化できれば、国益にもかかならうはずだと吉宗は考えたのである。「人参博士」と呼ばれた元雄はこの大きな期待に応えうる逸材だった。

宝暦三年には官営の人参製法所が設置され、元雄がその責任者に就任した。元雄は源内より一〇歳年上で、彼が入門した頃には三九歳の働き盛り。その学識を慕って多くの門弟が集まり、本草学者として一家をなすに至っていた。一門の研究対象も、吉宗の殖産振興策に呼応して人参や甘蔗から、鉱物や薬品など物産全般に及んでいた。彼らに牽引されて、江戸の本草学は今しも隆盛期を迎えつつあった。

田村元雄も、そのもとに入門したばかりの平賀源内も、この強力な物産の研究と開発の運動の渦のなかにいたのだということができよう。（芳賀徹『平賀源内』）

元雄の研究スタイルは広く各地に採薬し、薬草栽培や知識の普及を重視する行動的なもので、源内の活発な個性にもマッチしていた。本草学に打ち込むかたわら、源内は翌年六月、幕府の学問所である林家に入門した。本草学はもともと中国伝来だったから、典籍を読むためには漢学の素養が必須だったのである。

入門にともない、五代将軍綱吉が創建した湯島聖堂に寄宿するようになった。この聖堂がのちに幕府の昌平坂《しょうへいざか》学問所（昌平黌《こう》）になり、さらに明治になると、東京大学、お茶の水女子大学、筑波大学といった名門大学の前身となっていったことはよく知られている。

## 東都薬品会

田村の門に入るや、源内は持ち前の利発さでめきめき頭角をあらわし、生来のアイデアマンの本領を発揮し始める。その一つが薬種・物産の展示・交換会である「東都薬品会」の開催だった。

第一回は宝暦七年（一七五七年）七月に江戸湯島で開催された。初回の会主は師の元雄が務めたが、発案者は源内であり、実質的に取り仕切ったのも彼だった。宝暦九年の第三回からは源内自ら会主となり、会はますます隆盛した。

会を成功に導いたのは、なにより源内の幅広い視野だっただろう。従来、この手の交換会は狭い一門の枠に囚われ、規模もごく小規模なものだった。これに対して源内の交換会は広く全国に物産を求め、参加の自由度も高かった。開催に当たっては、出品者に供する『会薬譜』という出品リストも作成した。これにより、全国津々浦々から物産が集まり、参加者も増え、これまでになく発展していったのである。

薬品会の開催に当たっては、師の元雄をはじめ田村一門の全面協力があった。斬新な博覧会を新参の源内に仕切らせた元雄の度量の広さと、一門の清新な気風がうかがえるだろう。

源内にとって薬品会は、それを通して得た交遊も大きかった。とりわけ江戸の蘭学サークルとのつながりは、のちの活動の大きな助けとなった。中でも親しく交わったのは杉田玄白と中川淳庵《じゅんあん》である。

『解体新書』の訳業に名を残す杉田玄白は、源内より五歳年下だったが、郷友の渡辺桃源とともに生涯にわたる友人となった。

小浜《おばま》藩の藩医の子として生まれた玄白は、吉雄幸左衛門の下で蘭方外科を修め、江戸で評判の外科医となる一方、その情熱とリーダーシップで江戸の蘭学サークルの中心的存在にもなった。

明和八年（一七七一年）、玄白はドイツ人医師ヨハン・アダム・クルムスの解剖学書『ターヘル・アナトミア』のオランダ語訳を入手した。その後、小塚原《こづかっぱら》刑場で前野良沢、中川淳庵らと死体解剖を参観した。この際、参加者は蘭書を手にその解剖図と死体をいちいち見比べ、その正確さに驚いた。そしてただちに、皆で同書の翻訳に着手しようと決したのである。

蘭語を習得している者もなく、辞書もない中での無謀とも言える挑戦だった。その翻訳の苦心は、玄白の晩年の名著『蘭学事始《ことはじめ》』で詳細に追想されているが、三年半の苦闘の末、ついに訳書『解体新書』は完成した。この訳業が日本の医学の発展にもたらした功績は計り知れない。西洋科学を吸収する蘭学もこれが起点となった。のちに述べるように源内も側面からその成立に貢献したのだった。

また中川淳庵は玄白と同様、小浜藩医の家に生まれた。幼少から本草や博物に興味をもち、長じて本草学や蘭学を学んだ。源内との交友は、彼が第二回の東都薬品会に出品した頃から深まっていった。源内より一一歳年下で、交友が始まった頃はまだ一九歳の若さだったが、その俊才ぶりは源内編纂の『会薬譜』『物類品隲《ぶつるいひんしつ》』の校閲に、師藍水とともに加わったことでもわかる。とりわけ『解体新書』の翻訳・出版に関わったことで有名である。

淳庵は「奇器巧技」、つまり珍しい器械や巧みな技術を好んだと言われるが、そんなところも源内と気が合ったのではないだろうか。源内はこの若き学徒の能力を認め、その知識を多とした。後述するように火浣布《かかんぷ》の製作でも協力を仰いだ。

## 再仕官

江戸での源内の活躍は、高松の頼恭公にも伝わっていった。元よりその異才を高く買っていた頼恭公は、彼を再度召し抱えることにした。名目は「医術修業候ニ付」。待遇も学文（学問）料「三人扶持」と以前より引き上げられた。

ただし、この再任用の件については、源内と藩主の間にどうも認識のずれがあったようである。藩主は当然、彼を再度召し抱えたつもりでいた。これに対し、源内は頂いた扶持を学問研鑽に対する奨励金とか、補助金の類と捉え、仕官とは考えていなかった節がある。この誤解の原因は源内よりは、藩の側にあったと考えられている。前出の「医術修業候ニ付」が誤解のもとだったというのである。

とはいえ扶持が与えられた以上、藩命があれば従わないわけにはいかない。その仕事はもっぱら博物学好きの藩主の御用だった。そのため、この後源内は江戸の高松藩邸にあった薬草園に再々出入りするようになる。

宝暦一〇年三月、源内は京に上る藩主の随行を命じられた。帰府にも従った。その途中、相模の海の貝採集を命じられ、江の島、三浦、浦賀、金沢あたりの海で収集した。

同年六月、再び藩主の帰国に随行し、今度は紀伊半島西岸で貝の採集を命じられた。その結果を『紀州産物志』にまとめて提出した。これは源内の本草学的著作の出発点となるものだったが、彼自身は同著内で紀州の山々の豊富な産物を見過ごして、貝のみに関わらざるをえないことを惜しむ声を漏らしている。

郷士の讃岐の山野でも藩の恒例行事である採薬のため働いた。

この間、同年五月には薬坊主格に任ぜられ、「銀拾枚四人扶持」に加増された。今度こそ、仕官について都合のよい解釈の入り込む余地はなくなった。源内は一人前の藩士となったのである。

足軽以下の身分から士分へ。封建体制下においては破格の出世と言えた。桃源はじめ、故郷の人々もさぞかし祝福したにちがいない。だが、野心満々で故郷をあとにした本草学者からすれば、意に反する恥ずかしい帰郷でもあった。

この時の心境を源内は短い詞文で、こう表現している。

「故郷に帰る時は、四頭立ての馬車でなければ帰らないというのが、英雄たるものの志である。しかるに自分は、薬坊主格などといった下っ端の身分のまま、帰郷するはめになってしまった。果たしてこれでよかったのか。

故郷へもいまだ木綿の袷《あわせ》かな

我が袖を恥《はず》べき野路の錦哉」

この詞文は素直にとれば、錦を飾ることなく中途半端な帰郷を果たした己への嘆き節となるだろう。だが、一見嘆いているようで、ここには短い間に四人扶持薬坊主格にまで昇った自慢も挟まれているのではないか。そうがった見方をするのは芳賀氏である。

源内にその詞文を送られた渡辺桃源は次の詞句で返した。

「滝を昇る鯉も初めは鯰と交わりながら時を待つ。時至らぬうちに昇ろうとすれば、あとは落ちるだけだ。わずかの間に君寵を得て、帰郷した君は大したものだ。それなのになぜそのように不満たらたらなのか、として、

おのが身の錦は知らぬ紅葉鮒」

よい友をもつことは幸せである。

とはいえ、異能の人には地方の一藩の枠はやはり狭過ぎた。藩の意向との齟齬《そご》にも気づき始めていたし、何より余分な仕事に学問の時間を削られることが惜しかった。さらにいえば、破格の君寵に対しては、同僚からの嫉妬も激しかっただろう。

宝暦一一年（一七六一年）、源内は決心して、再び藩に辞職願いを出した。戸田旭山の門に入り、医術修業に専念したいという理由からだった。幸いこのたびも願いは聞き届けられ、藩の許可状が下された。その内容は形式に沿ったものだったが、最後に、辞職後も屋敷への立ち入りは、今まで通りにという温情を示す一項があった。

しかし、同じ辞職の許可状でありながら、今回が前回と大きく違っていたのは次のような但書きが付されていたことである。

「但他へ仕官の儀はお構遊ばされ候」

「御構《おかまい》」とは武家諸法度にも規定された処置で、今後、他藩への仕官は一切まかりならぬというものだった。幕藩体制においては、生活の根幹を奪われるに等しい条件であり、きわめて厳しい沙汰だった。前段では温情を示しながら最後にこの文言。才能溢れる家臣を手放す藩侯の悔しさが伝わって来るようではないか。

この沙汰が、後年になるにしたがい、源内の生活をじわじわと縛り、非業の最期にまで影響した。これが城福勇氏をはじめとして、従来の源内研究の通説だった。著者も前著『江戸の科学者』(「平賀源内——産業技術社会を先取りした自由人」)ではこれにならった。

これに疑問を投げかけるのが芳賀徹氏である。芳賀氏は「仕官構い」は仕官を完全に締め出す厳しい沙汰ではなく、彼に仕官の意志があれば可能だったのではないかと推測する。説得力のある芳賀氏の論に従って、この問題を少し掘り下げてみよう。

## 仕官御構

御構について芳賀氏は従来の論をこう並べてみせる。ある者はそれが、他藩か幕府に仕官したいという源内の野心をこなごなに砕いたと書く。またある者は、洋学知識の吸収を通して封建制からの脱出に目覚め、仕官御構など覚悟の上で飛び出したと書く。ある者は、これを反体制知識人風来山人の登場と直接に結びつけて論じる、と。しかし、ここには封建制を絶対的な悪と見て、それに反抗した源内は絶対的善であるという偏った前提があると指摘する。

その善を封殺しようとした「御構」は悪であり、そして善なる源内も、他への仕官を願っていた限り、封建制という悪の枠を出るものではなかったと結論づけるのが通例だった。

芳賀氏によれば、こうした単純な見方が生まれてきたのは、「日本敗戦直後のある種の流行思想」、「戦後日本の学界を何十年にもわたって支配してきたあのイデオロギー」の影響だという。この流行思想とは、はっきり言ってしまえばマルクス主義史観である。

その史観では、封建制を人々を抑圧した前近代的制度と規定し、歴史によって乗り越えられるべき絶対悪と規定する。そのイデオロギッシュな史観に基づいて、源内の生涯も語られてきたというのである。

そして芳賀氏の疑問は、こうした議論の前提である「御構」の存在自体にも及ぶ。「但他へ仕官の儀はお構遊ばされ候」の資料が登場するのは、高松藩家老木村黙老《もくろう》が残した『聞《きく》まゝの記』である。

黙老は源内より四六歳下。孫のような歳回りである。藩財政の再建に功労があり、俗文学にも通じた有能な人物だった。高松藩のヒーローとなった源内に対する関心が強く、彼に関する貴重な資料でもある膨大な『聞まゝの記』を残した。

典拠はもう一つあって、『増補高松藩記』である。しかしこの資料では、肝心の御構のところが、「他へ仕官の儀は御構不レ被レ成候旨　被二仰付一」となっているという。

ここから芳賀氏は、そもそも「御構なされ」ではなく、反対の「御構なされず」ではないかという疑問を呈する。もしそうならば、脱藩が源内の生涯に及ぼした影響に対する従来の見解は大転換を余儀なくされる。

これに対し、城福氏はじめ従来の源内研究者は「不」は誤植であるとする。「御構なされ」か「御構なされず」か。芳賀氏はその結論は保留しつつ、こう疑問を呈している。

前述のように、「御構」の根拠は家光の改定した「武家諸法度」にある。源内の処置もそれに基づくものだとすれば、もともとその処置は不正・犯罪者に対するものだった。源内は罪を犯したわけではないから、おかしいと芳賀氏は疑念を呈する。武家諸法度も、この頃には緩んできていた。それにともない、御構も形式上のものとなり、さほどの拘束力はなかったのではないかとも指摘する。

ここから芳賀氏はさらに大胆に議論を進める。

仮に御構があったとしよう。だとしても、源内はあまり気にしていなかったのではないか。というのも源内自身は後半生において、御構のおの字も口に出さなかった。これはあえて口にしなかったのだとも考えられるが、元々気にもしていなかったのではないか。

仕官しなかったのか、したくともできなかったか。資料からだけでは結論は出せそうもないので、ここで著者も芳賀氏の意見を基に作家的想像力を働かせてみよう。

その際、ひとつの指針となるのが源内の個性である。

彼の自由奔放で自信家な性格から考えると、どうも前者の可能性が高いのではないか。彼の個性がもともと窮屈《きゆうくつ》な奉公に向いていなかったことは明らかである。それに己の才能を信じる野心家が、いかに君主の寵愛があったとはいえ、藩の最下級武士程度で満足できるはずはなかった。自分なら幕府に登用された青木昆陽のように、ゆくゆくはどこかの雄藩に学者として召し抱えられ、数百石はもらえるはずだ。そんな夢を捨てきれず、浪々の身を通したのではないか。

恒の産なき代には、主人といふ贅もなく、知行といふ飯粒が足の裏にひつ付かず、行きたき所を駈けめぐり、否な所は茶にして仕舞ふ。せめては一生わが体を自由にするがもうけなり。（『放屁論』後編）

主人が欲しけりや飯粒を二百石か三百石に、負けてやれば何時でも出来ると思へば苦にもならず。（『飛だ噂の評』）

つまり仕官「できなかった」のではなく、自由を愛し、己の才能頼みの出世を願ったからこそ、あえて仕官「しなかった」のではないか。もちろん、これらは推測の域を出ないが、たとえ厳しい沙汰があったとしても、この時の源内がさして気にしていなかったのは明らかである。そんなことより若き本草学者の頭は羽ばたく喜びでいっぱいだっただろう。

ついでながら、戸田旭山の門について修業という辞任理由だが、源内はこの後まもなくそれがもとで旭山と仲違いをしている。その主因は源内にあった。

旭山は弟子入りの話を真に受けて、源内が大坂に来るのを待っていた。ところが待てど暮らせど、一向にその気配がない。自分は都合よくだしに使われただけではないか。

旭山は奇人と評されるくらい気骨のある学者。なんと無礼な奴だと怒って、源内を破門すると言いふらした。この話は江戸にも伝わり、源内は元雄らにたしなめられ、詫びをいれた。

しかし源内は本気で謝る気はなかったようだ。源内の言い分は、弟子入りは辞任の理由を繕うためで、もともと本気で弟子になるつもりなどなかった。それを真に受けられても困るというものだった。

しかし、これは随分と勝手な言い分である。弟子入りの件が相手に伝わった以上、やめるならやめるでそれ相応の礼儀があってしかるべきだった。城福氏も、この件については源内の態度がどうかと思う、と批判している。

# 第四章　日本初の博覧会

## 斬新な薬品会

退職して晴れて自由の身になった源内が、満を持して開催したのが、宝暦一二年の第五回「東都薬品会」である。これは当時としては画期的な規模の物産展で、ほとんど日本初の博覧会と呼んでよいものだった。

この薬品会の開催には、源内のある強い思いが背景にあった。

源内はかねがね、高価な輸入品によって国内の富が外国へ流出することを憂え、それらを安い国産品で代用できないかと考えていた。自然豊かな日本には、外国の珍しい物産と同じものか、その代替物がまだまだ埋もれているにちがいない。それを発見して国産化できれば、富の流出が減り、自然と我が国も豊かになる。

こうした国益思想の原点は、六代将軍家宣のブレーンとなり、国家収支という概念を幕政に持ち込んだ新井白石にあると言われているが、その思想は当時の本草学者にも受け継がれ、共有されていた。

中でも朝鮮人参の国産化に挑んだ師の元雄はその代表格だった。いわば国益の追求は田村一門の悲願だったと言えよう。源内は一門の星としてその願いを一身に受け、生涯、行動原理としたのだった。

そのためには全国各地からできるだけ多くの物産を集めなければならない。ここから源内は企画・広告プランナー、コピーライターとしての才能を存分に発揮し始める。その一つは引き札の配布だった。

引き札とは一枚刷りの広告で、今で言えばチラシに相当する。引き札が作られるようになったのは一七世紀末の元禄期からで、商業が発展した文化・文政期に盛んになった。江戸の引き札作者には源内をはじめ、滝沢馬琴《たきざわばきん》、山東京伝《さんとうきょうでん》、式亭三馬《しきていさんば》など、当代の錚々《そうそう》たる人気作家、戯作者が名を連ねていた。それだけに文章だけで人を引き付けるものが多かった。

源内は参加者を広く募るため特大の引き札を作り、大量に刷って全国各地の同好の士に配った。ただしこの時のコピーは、「我ガ大日本ハ神区奥域、山川秀麗、人淳ニ俗美ナリ……」と格調高く始まり、次のように続く。

「この自然の恩恵により、わが国は動植鉱物に恵まれているが、昔から自分の目でそれを確かめて活用することをせず、中国などから入るものをあてにし、国産品は適当にあてずっぽうで代用してきたに過ぎない。近世になってようやく稲生若水、貝原益軒《かいばらえきけん》、松岡玄達《げんたつ》などの本草学者が出て国産の本草の利用に道が開かれたが、日本にはまだまだ埋もれている産物が多いはず。それを開発することは大いに国益にかなう。そのためにはまず同好の士による知識の交換が必要である。そこで——「伏して請フ、海内同好ノ諸君子、所在ノ産物及ビ固ヨリ蔵蓄する所を以テ、駅逓に送致センコトヲ……」

そういうわけだから、同好の皆様は、自分の在所にある物産や所蔵物を取次所まで送ってほしい、と」

要は、開催趣旨と、日頃の国産化への思いをストレートに表現したもので、戯作趣味を打ち出した後年のひねったコピーとは趣を異にしていた。

いずれにしても全国にチラシを配って、出品者を募るという発想は、当時としては極めて斬新で、独創的な、源内ならではのものだっただろう。

もう一つ源内が創始した新機軸が物品取次所の開設である。

## 物品取次所

従来、この手の物産会の出品者は、出展品を自力で会場まで送らなければならなかった。その上、業者自ら会場へ足を運ぶのが鉄則。これが遠方の出品者の大きな負担になっていた。

そこで源内は地方の好事家のネットワークを利用、協力者に要請して取次所（「諸国産物取次所」）を開設、そこに出展品を送ればよいことにした。おかげでわざわざ会場まで足を運ぶ必要がなくなり、しかも運賃は主催者持ちの着払いと、文字通りの出血大サービスだった。

彼が全国に開けた取次所は、長崎、奈良、滋賀、兵庫、香川、愛知、長野、神奈川、千葉など全国一八国二五カ所に及んだ。取次所に集められた出展品は江戸、京、大坂に設けた受取所（「遠国より参候産物請取所」）に送られ、そこから源内のもとに集まるという仕組みだった。

ほかにも、売れ残り品の早期返還を確約するなど、細部にいたるまで気配りがなされていた。これによって、従来の二倍近い一三〇〇あまりの物産を集めることができたのである。

上記の新機軸や新システム以上に、この薬品会を画期的なものにしたのは、薬品会を名乗りながら対象を薬品のみならず、天然の産物全般に開放したことである。あわせて参加者を医師や本草家以外に広げたことも大きかった。当時、本草や物産への関心は、農民や町民の間にも広く浸透しつつあった。その関心を敏感に汲み取って、人と物の両面にわたって本草学の門戸を開放したところに源内の面目躍如たるものがあった。

この薬品会の大成功により源内の令名は一挙に上がり、のちに博覧会の創始者とまで言われるようになった。

ただし博覧会の原型と言っても、昨今のものとはいささか性格を異にしていた。現代の博覧会と言えば、六千万人以上を集めた一九七〇年の大阪万国博覧会に代表されるように、多くの観客を集めるイベントがイメージされる。しかし源内のものは参会者は案内を受けた者に限り、一般の見物客は出入りできなかった。つまり、専門家を対象にしたクローズドで学術的なイベントの色彩が強かったのである。

薬品会の翌年、源内は薬品会の研究成果を収めた全六巻の本草学書『物類品隲』を発刊した。これは五回の薬品会に出品された計二千種の物品から、源内の目で重要と思われる三六〇種を選んで、和漢名、オランダ語名、形状、性質、効能、用法、産地を示し、上中下の三品に分けて、それぞれ解説を付したものである。本文四巻、図絵一巻、附録一巻の全六巻、総頁数三七二頁という堂々たる著作だった。

序は師元雄と、同門の大先輩後藤光生（号梨春）が執筆した。

構成は『本草綱目』にならって、全一四部で、第一巻が水部、土部、金部、玉部、

第二巻石部、第三巻草部、第四巻穀部、菜部、果部、木部、虫部、鱗部、介部、獣部となっている。

これに第五巻が、源内の友人楠本雪渓《くすもとせっけい》（宋紫石《そうしせき》）による産物図絵。

そして第六巻附録が人参培養法と甘蔗（サトウキビ）の培養法と製造法で、源内がこの二つの物産を特に重視していたことがうかがわれる。甘蔗の製造法については、圧搾機の作り方、煮詰め工程、白砂糖製法、氷砂糖製法などが、『天工開物《てんこうかいぶつ》』からの引用も交えながら、詳細に記述されている。

本書の特色は既存の知識にはあまり重きを置かず、源内好みの新知識紹介に力が注がれていたことにある。ほかには、物産学、とりわけ鉱物の紹介に重きが置かれていた。また、外国産（蛮産）の物産が十数種掲載され、できるだけオランダ名を載せるなど、オランダ博物学への関心が顕著なことも見逃せない。

もうひとつの特色が雪渓による第五巻の挿絵である。

本草学書の図譜においては、真実に近い描写が求められるのは言うまでもない。その観点から源内はオランダ博物書の図譜を高く評価していた。

自著にも写実的な図譜をと願った源内が依頼したのが、長崎遊学を通して知り合った雪渓だった。雪渓は写実的な作風で知られる中国南蘋派《なんぴんは》の流れを汲んでおり、この種の仕事には打ってつけだった。

ほかに見逃せないのが、本書全体に本草学を通して培われた源内の自然観が透けていることである。すでに見たように、本草学は薬用を中心とした実用から発し、やがてその関心を物産全体へ、さらに自然界そのものへと広げることによって博物学へと変貌を遂げた。この変貌は源内の関心の在り方とも対応していた。

本書を周到に読み解いた芳賀氏は、源内にはもともとリンネや、その弟子カール・P・ツュンベリーのように自然の背後にある神への畏敬の念はなく、その意味ではすでに徹底的に「啓蒙」されてしまっている。しかし、だからといって彼らがもっていた「自然界の奥行きの深さ、そこに満ちている未知や美や不思議に対する「讃嘆」の念、またはそれを少しずつ押し開いて認識し、わがものとしてゆくときの「歓喜」の情」までが無縁だったとは言えない、と指摘する。

つまり源内には西洋の博物学者のように、自然の背後にある神への畏敬の念こそなかったが、自然を探究し、真理の扉を押し開いていく時の喜びの感情は彼らと共有していたというわけである。

そしてこの書には、個々の物を目の前にして、湧き上がる好奇心と面白さに対する源内の純粋な思い、情熱がほとばしり出ているとしている。科学論文とすれば、余計な感情の混入かもしれないが、そこにこそ本書の最大の魅力があると言えるだろう。

……個々の物を手にし眼の前にして記述している一貫した親試実験の態度、強くまた太い「国益」の思想、それと車の両輪をなす西洋物産への熱烈な好奇心、またなによりも源内自身がこの物産学という学問の面白さに懸命に打ちこんでいるらしいその熱気――それらがこの本には随所に溢れでていて、これを多方向への強い発展性を宿した新しい型の学術書たらしめていたのである。（芳賀徹『平賀源内』）

かくして本書は本草学者源内の代表的著作となり、最大の業績だとも評されるようになった。

ほかに彼の本草学における業績としては、ホルトノキの命名がある。ただしこれは結果的に彼の勇み足から生じた、いわば怪我の功名と言えるものだった。

## ホルトノキ

それは頼恭公の命を受けて紀州の産物を調査している時だった。源内は和歌山県湯浅の深専寺《じんせんじ》で大きな珍木を目にし、瞬時にホルトノキだと直感した。

ホルトノキとはオリーブの木のことである。その木を日本に初めて持ち込んだのがポルトガル人だったので、ポルトの木と呼ばれ、それがなまってホルトノキになったのである。

オリーブの実から絞ったオリーブ油（ポルトガル油）は当時、蘭方外科の医薬品として珍重されていた。しかし国内には木自体が見つかっておらず、すべて輸入品だった。かねがねこれを国産化できないかと思っていた源内は、これで念願がかなうと喜び、『紀州産物志』に発見を記載した。

後日、その実を江戸に参府したオランダ人外科医師コルネリウス・ポルステルマンに見せたところ、本物だと鑑定された。これにより確証をますます強め、当時執筆中の『物類品隲』にも載せたのだった。

しかし、オリーブ油国産化の夢はほどなく潰えた。実は源内が見たのはホルトノキではなくて「ヅクノキ」だったのである。

ヅクノキは暖帯から亜熱帯の照葉樹林にみられる常緑樹で、樹形も実の色や形もオリーブの木によく似ている。そこで流石の源内先生も誤認してしまったというわけである。しかし残念ながらその実から油は採れない。

こうして、本来はオリーブの木につけられるはずだったホルトノキの名前がヅクノキに宛てられてしまったというわけである。のちに源内は『物類品隲』巻之四で、それを李時珍の『本草綱目』にある「胆八樹」と同定している。

ヅクノキをオリーブの木と取り違えたこの間違いは、源内以降の本草学者、さらには明治以降の植物学者にまで継承され、かの「日本植物学の父」牧野富太郎が指摘するまで続いた。

　ヅクノキは源内と縁の深い高松の栗林公園のほか、日本各地に自生している。どこかで実物を見かけたら、若き源内先生のエピソードとともに見上げてみるのもよいのではないだろうか。

　ほかに源内の本草学研究の成果として有名なのは、蕃椒《ばんしょう》（唐辛子）の研究である。彼が著した『番椒譜』は生前刊行されなかったが、源内自筆の稿本が昭和になって発見され、戦前に完全復刻された。

　当時栽培されていた五四品種の唐辛子を収集、分類し、色鮮やかな図とともに掲載した本書は、江戸時代の唐辛子研究の白眉と評されている。収録された中には現在は栽培されていない果実のようなベル型のものや、丸型のものも見られ、研究者の興味を引き続けている。

　このように本草学における源内の業績は赫々《かくかく》たるものがあった。親友杉田玄白が、源内は多くの分野に活躍したが、本草家こそ本来の姿だと評価していたのはまことに当を得た評価と言えるだろう。『日本博物学史』を書いた碩学上野《うえの》益三《ますぞう》氏も、

「……源内の本草学は正に博物学である。しかも、西洋の学問の影響がそこはかとなくただよった、いわばナチュラル・ヒストリーである。平賀源内こそは、日本で生まれた最初のナチュラリストと言うにふさわしい」（上野益三「博物学者平賀鳩渓（源内）」）と称賛している。

## 二人の蘭学者

明和年間のことである。

たそがれ時、江戸日本橋界隈を二人の蘭学者が肩を並べて歩いていた。ひとりはわが源内先生。そしてもうひとりは日本橋で町医者を営む杉田玄白である。ふたりが出会ったのは源内の東都薬品会。歳は源内が五歳上だが、蘭癖《らんぺき》同士気があって、以来、交遊を深めるようになった。

「西洋の究理の学について少しずつ知るにつけ、その知識たるやまことに驚くばかり。もしオランダ書を和解（翻訳）してじかに読むことができれば、どれほど益が多いか。だが、これに挑む者が一向にあらわれない。なんともはがゆいかぎりだ」

玄白は勢い込んでいってから、自嘲気味にこうつけ加えた。

「とは申せ、それがしも長崎通詞に諭《さと》されてオランダ語はあきらめた身ゆえ、たいそうなことは申せぬが」

玄白はかつて、オランダ語の学習を志したことがあったが、江戸に参府した長崎大通詞西善三郎《にしぜんざぶろう》から、その困難さを諭され、あきらめたという経験があったのである。

「和解のことは貴公の申すとおりだ。一書でも完成すれば、どれほど国益に資することか。だが、江戸でとやかく言っていても始まらない。長崎へ行って通詞にたのんで訳してもらうのが早いだろう」

行動的な源内らしい意見だった。

「だが、長崎はいかにも遠い……」

「まあ、そう悲観されるな。わしもオランダ書を手に入れるたびに、なんとかこれを読めないかと思ってきたところだ。近頃では他にいなければわしが、とさえ思っている」

「おお、それはよい。貴兄なら必ず成し遂げられましょう……」

とはいえ源内が本格的にオランダ語に取り組む機会はついに訪れなかった。この頃彼は本草学者として、さらに多忙をきわめるようになっていたからである。

## 芒消

気鋭の本草学者が最初に取り組んだ殖産興業の実践が「芒消《ぼうしょう》」の製造だった。芒消とは硫酸ナトリウム（化学式 $Na_2SO_4 \cdot 10H_2O$）または硫酸マグネシウム（$MgSO_4 \cdot 7H_2O$）のことである。現在では乾燥剤や入浴剤のほか、さまざまな工業用途に利用されているが、当時は漢方の下剤・利尿剤として重用されていた。

芒消は温泉の壁面に霜状に産出するとされていたが、国内ではほとんど発見されず、もっぱら輸入にたよっていた。そのため庶民にはとても手が届かない高価な貴重品だった。

その芒消との縁ができたのは偶然の出会いからだった。宝暦一一年（一七六一年）、源内が東都薬品会の準備に忙殺されていたある日、伊豆の豪農、鎮惣七が神田の寓居に訪ねてきた。惣七は地元の本草学者に学んで本草学の知識があり、源内の薬品会にも出品していた。

惣七は伊豆の薬種は豊かなので、採薬すれば必ず価値あるものが見つかるだろう、もし調査するなら自分が全面協力すると申し出た。

源内は喜んで応じ、家僕を同行させた。家僕は伊豆に留まって数十回にわたって源内の下に物産を送ってきた。ある日源内は、その中に珍しいものが含まれているのに気付いた。それは「朴消《ぼくしょう》」だった。

朴消とは、温泉の壁面に出る霜状の産出物である。この朴消から夾雑《きょうざつ》物を取り除き、上澄みを煮詰めてできるのが芒消である。つまり源内は芒消の原料を入手したのだった。

源内はこの発見を早速師の元雄に告げ、元雄から幕府に報告された。その結果、青木昆陽のあっせんもあって同年、勘定奉行から「伊豆芒消御用」の役目を与えられた。

伊豆に着くと数日のうちに芒消の製造に成功した。さすがに先生、仕事は早い。年来探し求めていた朴消、芒消を相次いでえた喜びを源内は『物類品隲』第二巻にこのように記している。

予、此の物を求ること数十年、薬を採る毎に必ず是を思ふ。僕に形状を告ること亦数なり。竟に之を得、其喜知可し。

前述のように芒消は、硫酸ナトリウムと硫酸マグネシウムのどちらも指す言葉である。源内が作ったのは硫酸ナトリウムか、硫酸マグネシウムか。元素という概念がない当時、芒消というだけでははっきりしない。これについて土井康弘氏は、種々の資料から推定すると、硫酸ナトリウムで間違いないだろうとされている。

ところで、この際、芒消の原料の産地である洗足場の権利をめぐって、ちょっとした利権争いがあった。

土井氏が紹介しているところによれば、湯場の周辺の土地を所有する彦右衛門は、これを自分の持ち物であると主張し、はじめ役人や源内もこれを認めた。これに対し村の年寄りや村人たちから反対の声が上がった。それによれば、この湯はもともと個人の所有物ではなく、村の持ち物だったというのだ。吟味の末、結局、年寄りたちの主張が通った。

源内は製造した芒消を江戸に持ち帰り、師を通して幕府に献上した。発見者は源内だったが、製造は田村一門挙げての事業になった。師の元雄も現地に入って製造を指導した。だが、産業として成り立たせるまでにはいたらなかった。なんにでも飛びつくが飽きるのも早い。源内の頭は、このときすでに次のアイデアでいっぱいになっていた。

生前の源内は、その奔放なアイデアやあまりに破天荒な生き方から、「山師」とそしられることもあった。

山師とは本来鉱山技師を指す言葉である。その昔、鉱山技師には金《きん》が出るといったガセネタで土地を高く売りつけたり、資金をだまし取ったりする手合いが多かった。そこで鉱山技師、イコール詐欺師、ペテン師というイメージがつき、その蔑称が生まれたのである。

いくらはったり屋の源内先生でも山師は言い過ぎだと思うかもしれないが、実際に彼はこの後、鉱山開発に挑み、鉱山技師を生業とするようになっていく。

「山師でけっこう、おれは実際、山師なんだから」と、言ったかどうか。「我よりおとなしく人物臭《くさ》き面《つら》な奴《やっこ》に、却《かえっ》て山師はいくらも有り。……」(『放屁論』後編)とは言った。

もっとも山師といっても、彼の場合は小遣い稼ぎのちゃちな山師などではない。諸藩や幕府まで巻き込んだ山師中の山師、「古今の大山師」(源内)だった。

源内が鉱山技師になったきっかけは、秩父《ちちぶ》山中である石を発見したことだった。

## 火浣布

「ご存知の通り、秩父はなにもないところでございます」

「いや、利兵衛《りへえ》殿。わしはそうは思わぬ。竜・穴・砂・水・向、すなわち水理、地脈、いずれの相から見ても秩父は宝の山ですぞ」

「そうでございましょうか」

「間違いございませぬ」

宝暦一四年（一七六四年）早春、秩父両神山《りょうかみさん》は凍て付くような寒さの中にあった。その厳寒の山中を、防寒着をまとった二人の男が、白い息を吐きながら登っていく。

先導しているのは、武蔵国那珂《なか》郡猪俣村野中組の名主中島利兵衛貞叔《ていしゅく》である。後に続くのは源内先生。利兵衛は大の本草学マニアで鉱物マニア。源内の薬品会の引き札を見て応募したことから二人の縁ができた。

「おっとと……」

「お気をつけくださいませ。このあたりは石ころが多く、足下があぶのうございます」

利兵衛が振り返って呼びかけるより早く、源内が足下の石につまずいてよろけた。よろけたついでに、道にかがんで一つの石を拾い上げると、手にのせてしばらく眺めていた。それを捨てると、次を拾ってまた眺める。やがて利兵衛のほうを振り向いてにっこり笑った。

「喜びなされ、名主殿。このような石が多いということは、われらが火浣布《かかんぷ》の石に出会えるのももうじきだ……」

「ほんとうでございますか」

「間違いない。同じたぐいの石が、ほれ、ここにも、あそこにも」

源内は目を輝かせながらあたりを見回した。その後源内は、予告どおり火浣布を発見した。

火浣布とは石綿（オランダ語でアスベスト）の古称である。石綿は天然に産出する繊維性鉱石で、熱や薬品に極めて強い。それゆえ古来皇帝や貴族の間で珍重され、献上品に利用されてきた。

古代エジプトではミイラを包む布として、古代ローマではランプの芯として使われていた。マルコポーロの口述によるとされる『東方見聞録』に、ヨーロッパでは火に焼けないサラマンダー（火を司る妖精）の皮と知られているものが実は鉱物である旨の記述があり、これが石綿だとされている。

中国では、周の時代に征服した西戎《せいじゅう》（中国北部の遊牧民族）からの貢ぎ物として石綿の布が入ってきた。火に投じると汚れだけが燃えてきれいになることから火浣布、つまり「火で洗える布」と呼ばれ珍重された。

日本では『竹取物語』のかぐや姫が、求婚者の右大臣阿倍御主人《あべのみうし》に課した難題の中に、火を付けても燃えない「火鼠《ひねずみ》の皮衣《かわごろも》」を求める場面がある。右大臣が八方手を尽くして探し当てた物は、あえなく燃えてしまうのだが、この火鼠の皮衣が石綿だと見なされている。

中世から近代にかけては、西洋でも日本でもその存在はほとんど忘れられていた。その石綿が再び脚光を浴びたのは工業化が進んだ一九世紀後半のことだった。その特性を活かし、工業用パッキングや断熱材、防火材として、建設資材や電気製品から家庭用品まで広く使用されるようになったのである。

このように産業社会を支えてきた石綿だが、現在では、その長所よりも、それが引き起こす深刻な健康被害がクローズアップされている。

石綿が人体に害を及ぼすわけは、その繊維の細さにある。髪の毛のわずか五千分の一ほど。そのため一度吸入すると、肺の気道の奥深くに入り込み、肺胞の中に異物として残ってしまう。自然に排出することも、取り除くこともできない。これが長期にわたって人体に影響を及ぼす結果、肺ガンやガンの一種である悪性中皮腫の原因になるのである。

しかしそれは現代になって初めてえられた知識。源内の時代には、このような害は認識されておらず、きわめて貴重な鉱物であるとされていた。そのお宝を発見したわけだから、驚きと歓喜もひとしおだっただろう。もちろん、彼にそれを見抜く鉱物知識があればこそだったが。

これ以前に、源内は友人の中川淳庵から石綿で火に焼けない布ができるという知識を得ていた。そこでただちに燃えない布の製作に取り組み、苦心の末香敷（香炉の火の上に敷く道具）を試し織りした。布の大きさは二・五センチ四方に過ぎなかったが、師藍水を通じて将軍に献上した。

その後、幕府官儒青木昆陽を通じて江戸参府のオランダ商館長ヤン・カランス一行に示すと、大いに賞賛された。そして石綿はヨーロッパでは産せず、昔トルコで産して織物にもなったが、今は途絶えていると、西洋における火浣布の情報などを伝えてくれたという。

この布が中国で特に珍重されていると聞いた源内は、幕府を介して長崎の中国商人にも見せた。すると、二人の中国人船主から製作の注文が届いた。喜んだ源内だったが、その注文内容を見て驚いた。馬衣（馬の背に掛ける布）にしたいので、「丈九尺一寸、幅二尺四寸」の火浣布を織ってほしいというのである。源内が苦心の末織りあげた火浣布はわずか二・五センチ四方。頑張っても、原料の質や技術的な問題から、一〇センチ四方を作るのがせいぜい。丈が三メートル近い布といわれても、とても要求には応じられなかった。

創製の年、源内は火浣布について説いた『火浣布説』を著し、さらにその翌年にはこれを補強する小冊子『火浣布略説』を刊行した。そこで火浣布の特殊な性能と歴史を本草学的知識を駆使して説明、もともと西域から渡来した布で、我が国はもとより、唐でもいまだかつて作れなかったお宝だと自画自賛した。しかし結局、火浣布の製作はこれをもって収束、以後、彼が関わることはなかった。

## 鉱山熱

火浣布の産業化には成功しなかったが、石綿発見により、源内は年来の主張の正しさを確信した。日本の自然にはまだ大量のお宝が眠っている。これを掘り出すことができれば、外国の物産を輸入する必要がなくなり、国益の増進にもかなうだろう。

こうして源内は鉱山熱に取りつかれていった。翌年には、同じ秩父中津川村山中で中島利兵衛らと調査し、「かんすい石」という大理石の石材となる結晶質石灰岩を発見した。この後、利兵衛一族あげての協力をえて、中津川を探索、金銀銅鉄、ろくしょう、明礬《みょうばん》、磁石なども見つけた。

鉱山開発に乗り出した源内がまず目を付けたのは、当時、廃坑になっていた中津川の金山だった。この金山はかつては良鉱として知られ、大規模に採掘されていたが、出水のため廃坑になった。その後、何度か再開発が試みられたがいずれも挫折していた。だとすれば、出水の問題を技術的に克服できれば、復活させられるのではないか、と考えたのである。

源内は早速、幕府に開発許可の申請を出した。この頃には、源内の存在は殖産振興をめざす田沼意次《おきつぐ》にも知られるようになっていた。その後押しがあったかどうかは不明だが、無事認可をえられた。

中島一族と組んで待望の金山事業に着手したのは、明和三年（一七六六年）秋、石綿発見から二年後のことだった。

この時、源内は「吹初金」、漢方の目洗い薬となる「炉甘石《ろかんせき》」（亜鉛の鉱石）の実物見本と説明書を生家に送り、金山事業にかける意気込みを表明している。

事業には多くの資金と人手が投入された。幸い水抜きの問題も克服でき、待望の採掘が始まった。この間、源内は江戸と秩父を何度も往復する多忙な日々を送った。

ところが、しばらくすると、肝心の採掘量が期待したほどではなく、とても投資に見合うだけの利益が得られないことがわかった。そのため三年後には休山に追い込まれてしまった。

もっともそのくらいでめげるような源内先生ではない。その眼は早くも次の事業に向けられていた。金山がだめなら鉄山も、銅山もあるさ。ほかにもお宝はいくらでもあると、あくまでも前向き、楽天的な先生だった……。

ただし、ここで鉱山開発はしばし中断される。流石の源内もフル回転の日々に疲れて一休みか。いや、いや、そんなやわな先生ではない。中断の理由は以前から望んでいた二度目の長崎遊学に出たためだった。

## 二度目の長崎遊学

前回の遊学から一八年後の明和七年（一七七〇年）、源内は幕府の「阿蘭陀翻訳御用」として待望の再遊学を果たした。これには田沼意次の助力があったことは、源内の書簡からも明らかである。

留学の主目的は先に記した玄白との会話にあった。かつて二人で蘭語文献の翻訳について語り合った際、源内は自分で訳すより長崎通詞に頼んだほうが早いと提案した。その言葉を齢四三にしていよいよ実行に移そうとしたのである。

もう一つの目的としては、山師にかまけておろそかになっていた本来の仕事、すなわち本草学に復帰したいという思いもあったに違いない。

源内が長崎で何を翻訳しようとしたのかは明らかではない。

宝暦一一年の『紅毛花譜』の入手を皮切りに、源内が浪々の身を削り、家財を売り払って購入した書誌は、ドドエンスの『紅毛本草』やヨンストンの『紅毛禽獣魚介虫譜』(『鳥獣虫魚図譜』)を含め、計八点にのぼった。このうち、彼が翻訳しようとしたのは、『紅毛本草』だっただろうと推測されている。

前述のように、本書は野呂元丈によって蘭訳書から『阿蘭陀本草和解』などとして抄訳され、ヨンストンの前掲書と並んで、日本の本草・博物学に大きな影響を及ぼした。

源内が『紅毛本草』を入手したのは、明和二年三月、中津川で石綿を発見した翌年である。オランダ商館長に随行して参府した吉雄幸左衛門の斡旋《あっせん》によるものと思われる。憧れの書物を遂に入手した喜びを源内は、「幸なる哉、紅毛之ド、ネウスと申　本草手ニ入」と、書簡に記している。

その虎の子の書物を担ぎ、一種の切迫した使命感を持って源内は長崎に向かったのだろうと、芳賀徹氏は推測している。

再度の長崎遊学……主な仕事は幸左衛門と協同でこの「ドドエンス」を和解することであったし、この本は源内の一生につきまとったといってよい。この書物は彼の野心であり、誇りであり、夢想であり、そしてまた最後には慙愧《ざんき》の種ともなったのである。（芳賀徹『平賀源内』）

しかし「阿蘭陀翻訳御用」に任ぜられたと言っても、源内がオランダ語がからきしダメな状況は変わっていない。せいぜいアルファベットがやっとという程度。文法など皆目わからない。そんな状況で、自分で翻訳するなど夢にも思わなかったはずだ。

それにしても、源内はなぜ語学が不得手だったのか。その抜群の頭の切れは誰もが認めていたところなのに。彼の鋭利な頭脳は、杉田玄白が『蘭学事始』で紹介している次のようなエピソードからもわかる。

あるとき源内は、江戸に参府した長崎のオランダ商館長ヤン・カランスを歓迎する酒宴に招かれた。当時、江戸に来た商館長一行は日本橋にある薬種問屋長崎屋を定宿とし、江戸の蘭学者たちと交流を深めるのが常だった。

その席上、カランスは金袋を取り出して、誰かこの口を開けてみろと誘った。その金袋の口は知恵の輪のようになっていて、その場にいた客が次々挑戦したが、誰も開けられない。最後に源内のところに回ってきた。彼は金袋の口をじっと見て、しばらく考えてから、あっさりと開けてしまった。

カランスはその明敏さを称賛し、源内に袋を与えたという。

そんな源内が語学を不得手としたのは、ひとえに忍耐力の問題だっただろう。語学を習得するには頭のよさや記憶力に加えて、じっくり取り組む忍耐力が不可欠である。その点、源内先生のフル回転の頭脳は、まだるっこしい語学学習には向いていなかったのだろう。

結局、長崎で頼りにしたのは前回も世話になった大通詞吉雄幸左衛門だった。大通詞は多忙だったが、その貴重な時間を割いて、彼のために一部を訳してくれた。

早稲田大学図書館に所蔵されている『鐸度涅烏斯《どどねうす》絵入』写本二巻と、国会図書館蔵の『独独匿烏斯《どどねうす》本草アベセ類聚』乾坤二冊が、その好意の証だろうとされている。

大いなる使命感を持って臨んだ遊学だったが、結局、当初の目的は果たせなかった。やはり人頼みには限界があったのである。

源内が通詞に頼ろうとしていた頃、江戸では新たな蘭学の時代が開かれつつあった。玄白、良沢、淳庵らによる『解体新書』の翻訳が始まったのである。それは翻訳を通して、西洋文化と直に向き合う本格的蘭学時代の幕開けだった。その意味では、あくまで通詞に頼ろうとした源内は時代に乗り遅れたのではないかという指摘がある。

この長崎行きでは金銭的苦労も大きかったと見られている。幕府の御用といっても名ばかり、実際の金銭的補助はなかったようだ。郷里の友人や親族からの援助もなく、つまりまったく自腹での遊学だった。

源内が遊学を前にして、『神霊矢口渡』など、数作の浄瑠璃の台本を書いたのは、その資金稼ぎのためだったと見られている。旅の行き帰りに、大名や大商人からの支援も期待したようだが、源内自身が嘆いているように、江戸の有名人も地方では通じなかった。そのため旅の期間中、乏しい懐具合が解消されることはなかったのである。

それはさておき、どこへ行こうと何をしようと、源内先生の旺盛な好奇心を止めることなどできない。二度目の長崎でも本来の御用そっちのけで、あちこちに手を出した。その好奇心が巡り合わせたのが、のちに源内の代名詞となったエレキテルだった。これについては後に詳しく述べるが、ほかにも、陶器産業、西洋絵画の研究などでも大きな収穫があった。肝心の翻訳は成し遂げられなかったものの、二度目の遊学は決して無駄ではなかっただろう。

この遊学中も一度燃えた山師の炎が胸から消えることはなかった。いや、その間にますます激しく燃え盛ったと言ってよい。その証拠に、長崎からの帰途、大坂に滞在して摂津多田銀銅山（現兵庫県猪名川《いながわ》町）を調査、水抜工事を工夫した。また大和吉野山から大峰山にかけて踏査し、吉野は「満山銅銀ニて御座候」と桃源宛ての手紙に記し、金峰山《きんぷせん》では配下の者に調査させ、試掘も計画したほどである。

## 中津川に再挑戦

安永元年（一七七二年）秋、遊学から戻ると、源内は休む間もなく中津川へ飛んだ。ただし今度の相手は金山ではなく鉄山だった。彼は石綿を発見した翌年、地元でも誰も知らなかったこの鉄山を偶然に発見、その上質さに気付いていた。だが、まずは金山開発を優先させたのだった。

中津川は天領であるため、開発には幕府の許可が必要である。周到な源内は、そのための開発願いを長崎出立前に提出していた。その上で、秩父久那村在住の協力者岩田三郎兵衛や奥医師の千賀道隆《せんがどうりゆう》にあとを託して旅立ったのである。許可が下りたら長崎から飛んで帰ると言い残して。

ここで源内の後半生に大きな影響を与えた千賀道隆・道有《どうゆう》親子について少しふれておこう。

千賀道隆は元々、伝馬町の牢で囚人を診る身分の低い医者（獄医）だった。その獄医がどうやって医者の頂点である奥医師にまで昇りつめたのか。これはひとえに幕政を専横する側用人田沼意次との縁だった。

道隆は田沼の無名時代から深い親交を結び、その出世に合わせて彼もまた出世階段を昇っていったのである。その息子道有も田沼の信任が厚く父子ともども引き立てられた。

道有は開明的な思想の持ち主で、源内と気が合い、その関係は年を追うごとに深まっていった。源内が田沼の知己を得たのも、この千賀親子の取り持ちだったと考えられている。

長崎から戻った頃には、目論見通り開発許可が下り、岩田らを中心に入山、普請工事などの準備が進められていた。

今度こそ本物の山師にと願う源内の意気込みはただならぬものがあった。翌年春から本格的に着手すると、はるばる秩父の山奥まで何度も足を運び、それで足りなくなると、中津川付近に構えた住居に逗留しながら鉱山経営の指導に当たったった。この住居は「源内居」として現在も秩父市中津川に残されている。

源内が採用した製鉄法は「たたら製法」だった。これは古くから受け継がれてきた伝統的な方法で、粘土製の炉に砂鉄や鉄鉱石と木炭を入れて燃焼させ、比較的低温で還元する方法である。たたらとは、もともと火力を高めるため炉に空気を送り込む「鞴《ふいご》」のことを指し、そこから製鉄法全体がそう呼ばれるようになった。

たたら製法の利点は、日本刀の材料となる玉鋼のような純度の高い鉄を生産できることにある。しかし問題は当時、関東には鉄山がなく、従ってたたらを扱う技術者もいなかったことだった。この問題は源内を大いに悩ませたようで、次のような手紙が残されている。

去りながらまだ吹方（製錬）手に入り申さず、大に苦ミ罷在り候。吹方さへ成就仕り候へバ永久之宝山に御座候……

悩んだあげく、彼は石見《いわみ》（島根県）にある日本最大の石見銀山から吹方、つまりたたらの技術者を呼び寄せることにした。その名の通り石見は銀山だったが、掘削工具などを作るためのたたら炉も動かしていた。その技術者に目をつけたのである。

製造がうまくいけば、あと重要なのは製造した鉄の運搬だった。源内が考えたルートは、人足を使って中山道贄川宿《にえかわじゆく》まで運び、そこから荒川の水路を利用して舟で運ぶというものだった。

源内はこの運送船に平田船《ひらたぶね》の利用を提案した。平田船は河川を航行する和船の一種で、底が平たく喫水が浅いため、川底の浅い上流を航行するのに適している。これにより低コストで江戸へ運び、利潤を生み出そうと考えたのである。

当初、事業は水戸・仙台両藩の鉄銭鋳造の需要で順調とみえた。源内も自信満々で、高松藩の儒者菊池黄山宛ての手紙で「刀剣にも作らせ候処、無類之上鋼鉄ニて利剣を鍛出……」と誇っている。

鉄山操業中の安永二年（一七七三年）六月、源内は秋田に向けて出立した。領内に良質な鉱山を抱える秋田藩からの鉱山開発指導の要請に応えたものだった。事業半ばにして現場を離れたわけだが、源内としては鉄山操業の見通しがついたと思っての出立だっただろう。経験豊かな鉱山師吉田理兵衛を同行しての旅だった。

## 秋田へ

安永二年七月、源内たちは秋田に到着した。

到着するとまず、東洋一とうたわれた院内《いんない》銀山を検分し、採鉱の方法や場所を指導した。その後、角館《かくのだて》を経て産銅日本一を誇る阿仁《あに》銅山に入った。ここでの指導記録は残されていないが、粗銅の中に含まれる銀を採る「絞り吹き」を伝授したのではないかとされている。その後、久保田（現秋田市）に到着し、藩の役人と面会した。

さらに大館《おおだて》付近の沼館《ぬまだて》村では亜鉛鉱を発見した。亜鉛は古代から、銅との合金である黄銅（真鍮《しんちゅう》）として用いられてきた金属で、日本でも江戸時代から利用されていた。

源内は製錬のため、角館白岩から白岩瀬戸山の陶工を招いた。陶工たちはろくろを持ってはせ参じたが、この作業はあえなく失敗に終わった。原因は源内の見立て違い。その鉱石は亜鉛鉱ではなくマンガン鉱だった。両者は製錬法が異なるため、陶工では対応できなかったのである。

一一〇日あまりの鉱山指導をへて一〇月二九日、源内は帰途に就いた。秋田を去るにあたって、藩から謝礼として一〇〇両あまりの金を与えられ、貧窮の中で一心地ついた。

その成果について源内は、菊池黄山宛ての書簡で「凡一ヶ年二万両ばかりの国益」を挙げたと自賛している。

実際に二万両もの利益が出たかどうかは疑問だが、源内は秋田にオランダ製測器具、遠眼鏡、顕微鏡などの珍しい器機類を持ち込み、新しい陶法も教示した。また、後述するように小田野直武《おだのなおたけ》に西洋画の技法を伝授、秋田における西洋画（秋田蘭画）の隆盛をリードしたりと、色々な面で当地に大きな足跡を残した。その意味でも実り多い秋田行だったと言えるだろう。

江戸にもどった源内は再び秩父に向かい、開発を指導した。

秋田行き前、事業が軌道に乗ったと考えていた源内だったが、実際はそう簡単ではなかった。製錬された鉄は決して上質ではなく、せいぜい船釘かかすがいに使用できるかという程度。とても刀剣などの用には足りなかった。需要も伸びず、遂には撤退を余儀なくされてしまった。

源内は失敗の理由として、「吹方熟し申さず、行はれかね」と義弟権太夫宛ての手紙に記している。前述のように、源内は石見銀山からたたらの技術者を呼び寄せた。しかしこれが問題だった。

『平賀源内を歩く』の著者奥村正二《しょうじ》氏によれば、源内が作ろうとしたのは錬鉄だった。鉄はその炭素含有量によって、錬鉄、鋼（鉄）、鋳鉄《いてつ》（銑鉄《せんてつ》）に分かれている。

錬鉄は、古典的な製法で製造され、炭素の含有量が〇・〇〇二〜〇・二％程度と比較的少ない鉄のこと。ある程度の量産が可能で、鋳鉄に比べ強靭だったので、一九世紀には鉄道レールや建造物の構造材料として利用された。しかし鋼鉄の大量生産法が開発されるとともに取って代わられた。

鋼とは、炭素を〇・〇四％から二％程度含む鉄の合金のことである。鋼は鋳鉄を脱炭して作られ、強靭で加工性に優れ、産業上重要な位置を占める。現在、一般に用いられる鉄材のほとんどはこのタイプである。

また、鋳鉄は、銑鉄とも言い、鉄を型に流し込んで作る鋳物製品に用いられる鉄で、炭素を二・一四～六・六七％、ケイ素を約一～三％の範囲で含む。

源内の頃まで、日本の製鉄は原料の砂鉄から、いきなり錬鉄を作っていた。これを直接法、あるいはケラ押し法といい、たたら製鉄があてはまる。

これに対して、源内は砂鉄から鋳鉄を作り出し、次にこれを加熱溶融して錬鉄に変えようとした。こちらは間接法、またはズク押し法という。

直接製鉄法は比較的低温で加熱するのに対して、間接製鉄法では還元する際に高熱が要求される。石見の技術者は伝統的な直接製鉄法には熟練していたが、間接製鉄法の経験はなかった。そのためうまく適応できなかったのである。

鉄山は安永三年（一七七四年）中には休山となった。源内は「大しくじりをした」と、反省しているが、それはこうした技術上の問題だったのではないかと奥村氏は推測している。

閉鎖を余儀なくされた秩父鉱山だったが、鉱山の質自体が悪かったわけではない。その証拠に明治以降に再び開発が進むと、一躍重要鉱山に加わった。昭和三〇年代には亜鉛や磁鉄鉱などを採掘、最盛期には年五〇万トンを出鉱したが、金属鉱石の採掘は昭和五三年に中止され、現在は石灰岩が採掘されているのみである。

幕府の許可をえて、大量の資金と人を投入したにもかかわらず、金山事業に続いて鉄山事業も失敗に終わった。自分は「大山師になった」。長崎行きの往復で西国の鉱山を視察した源内は、渡辺桃源宛ての書簡にこう記した。その言葉にはひとかどの鉱山師になったという自負がこめられていただろうが、皮肉なことに、相次ぐ失敗により否定的な意味で「古今の大山師」になってしまったわけである。

しかし、何と言おうと転んでもただでは起きないのが源内先生の真骨頂。鉄山が休止すると、そのインフラをそっくり借りて次の事業に乗り出した。それは製鉄に使った木炭の生産事業化だった。

秩父は森林地帯でもともと木炭の原料は豊富だった。源内の構想はここで焼いた木炭を、製鉄事業用に整備した運搬道路と水路を利用して、江戸まで輸送するというものだった。

この事業も初めは地元の岩田三郎兵衛らの協力をえて順調だった。だが途中、資金不足から江戸の問屋に資本参加を求めたことが足を引っ張った。彼らに利益を還元したため、利潤が見込みを大きく下回ってしまったのである。これで源内も熱意を失ったか、せっかくのアイデアも尻すぼみに終わってしまった。

なぜ源内は本来のテーマである本草学を中断して、これほど鉱山開発にのめりこんでいったのか。かつては本草学の未来についてあれほど熱く理想を語っていたのに。これについて研究者は次のような否定的、肯定的理由を挙げている。

否定的理由は語学が不得手ゆえの学問的限界である。『物類品隲』の巻末奥付には、『日本介譜』『日本魚譜』『物類品隲後編』など全六冊の本草学書の出版構想が掲げられていた。この構想は当時の源内にとって単なる夢ではなく、すぐにでも着手したい本気の夢だったと思われる。しかし実際の作業は語学に通じた者や長崎通詞の協力がなければ一歩も先に進まない。そこに己の限界を感じたのではないかというのだ。

肯定的理由とは、当時の学問の在り方に関わるものである。当時の本草学は細分化、専門化された近代の学問とは違って、医学や産業と切り離されてはいなかった。

田村一門が人参や芒消の国産化に携わったように、源内の鉱山開発は決して本草学の本道から外れてはいなかったのである。

かくして源内先生は、あれもこれもと手を出して、いつも「大取り込み中」だったというわけである。

# 第五章　エレキテル

## エレキテル

ここまで本草学、鉱山開発を中心に源内の歩みをたどってきたが、彼の業績といえば、やはりこれを落とすわけにはいかない。言うまでもなく、彼の代名詞となった「エレキテル」である。

エレキテルとは何か。簡単に言ってしまえば、摩擦《まさつ》を利用した静電気の発生装置である。

人類が最初に生み出した電気は摩擦電気だった。古代には琥珀《こはく》を毛皮でこすって作っていた。これを機械的に生み出し、貯留するための装置が摩擦起電機、すなわちエレキテルである。最初に製作したのは真空の研究で有名な一七世紀ドイツの科学者オットー・フォン・ゲーリケだった。その後、麻痺や疼痛など諸病の治療や見世物に使われるようになって西洋各国に広まったのである。

源内の時代、日本ではまだエレキテルは作られていなかった。それを彼が長崎で入手し、修理・復元したのである。このエピソードはよく知られているが、問題は同時に源内がエレキテルを発明したという話も流布されていることである。それをもって彼を日本電気学の祖とみなす者もある。もちろんこれらは誤解に基づく買い被りである。

故障していた起電機の修理・復元に成功したこと自体大きな業績ではあるが、あくまでも修理したのであって、発明したわけではない。このことは、彼の正当な評価のために再確認しておくべきだろう。

源内が修理した起電機の仕組みは次の通りである。

木箱の中にガラス円筒とそれに接する金箔が収まっている。箱の外には円筒とつながるハンドルがある。このハンドルを回して円筒を回転させると、ガラスと金箔の摩擦によって静電気が発生する。これを蓄電器に溜め、銅線によって外部に導いて、放電させるのである。

エレキテルという名称は、オランダ語の「エレクトリシテイト elektriciteit」（電気、電流）がなまったものだった。

前出のように、源内がエレキテルを入手したのは、明和七年（一七七〇年）、二度目の長崎遊学の折りだった。この器械はオランダ人が長崎に持参し、日本に残したものだったと考えられているが、入手の経緯はよくわかっていない。通説では、古道具屋から購入したか、あるいはすでに他界していた長崎通詞西善三郎宅にあったものを譲り受けたとされている。

入手時、器械は大きく破損していたため、源内はこれを自分の手で修理・復元しようと考えた。とはいえ、さすがの源内先生もすぐには手を着けられなかった。

源内のエレキテルに関する知識の情報源は、もっぱら兄弟子の後藤梨春が著した『紅毛談』（オランダばなし）だった。この書は、梨春がオランダ人から聞いたオランダの地理、文化、産物、医薬などを記述したもので、そこに「えれきてり」、すなわちエレキテルの図解も記載されていた。ただこの図解には曖昧《あいまい》な部分があって、それだけでは仕組みを十全に把握できなかったのである。

仕方なく放置したまま六年が過ぎた。その間、源内は通詞の助けなども借りながらオランダ語の文献を通して仕組みを勉強し、修理方法を探究した。こうした努力の末に、ようやく復元に成功したのだった。

先ほど筆者が源内はエレキテルを修理したのであって発明したのではないと書いた。これは決して彼の業績を貶《おとし》めるためではない。その修理作業の困難さを理解する前提としてあえて確認したのである。

復元に際して源内が参考にしたのは、破損した現物と曖昧な図解、そして判読できない蘭語の文献のみだった。詳細な設計図も解説書もなければ、指導する技術者もいない。もちろん、インターネットなどなかった。その乏しい情報の中での復元作業は『解体新書』の翻訳にも匹敵する難事業だったはずである。この点はいくら賞賛しても過ぎということはないだろう。

源内は西洋ではエレキテルが見世物に使われていることを知っていた。そこで彼も復元した器械を見世物に供することにした。

集まった人々にエレキテルの端末を触らせ、ビリっと感電させる。わっと悲鳴を上げて手を離す者、ひっくり返って尻もちをつく者、驚きとざわめきが一座に広がる。このアトラクションは大人気となり、それとともに源内の名も全国に知れ渡るようになった。

もっとも見世物としては、一瞬、驚かせるだけである。一度体験すれば充分というわけで、間もなく飽きられてしまった。本来の電気治療法にも使おうとしたが、これもほとんど普及しなかった。

## 源内と電気学

源内は生前エレキテルを一五台製作し、一部を高貴な人々に販売して暮らしの足しにしたと伝えられている。それによって窮地に陥りがちな源内の懐を少しは潤したと見られている。ただし、現存しているのは二台のみである。一台は、東京都墨田区の郵政博物館（旧逓信《ていしん》総合博物館）に収蔵され、国の重要文化財（歴史資料）に指定されている。もう一台は源内の地元さぬき市志度に開設された平賀源内記念館に保存されている。ただしこちらの方は、元はあったと思われる蓄電瓶が欠けている。

郵政博物館の器械を見ると、外箱には本草学者らしく植物模様の美しい塗装が施され、源内の工芸デザイナーとしての一面をうかがわせる仕上がりになっている。源内のエレキテルについては、蘭学者桂川甫周《かつらがわほしゅう》の弟森島中良《ちゅうりょう》が『紅毛雑話』の中で正確に記述し、これにより製作方法が世に広まることになった。

中良は蘭学の桂川家の出。兄の桂川家四代目甫周は源内の友人で、桂川家でも最も傑出した一人と言われた大学者だった。しかし弟は学問よりは戯作に打ち込み、風来山人（源内）の弟子万象亭として「源内ばり」を受け継ぐ作品を数多く著した。いわば桂川家の異端・はみだし者だったが、啓蒙的な著作を通して蘭学の発展にも寄与したことは彼のために記しておきたい。

中良の縁もあって、この後、エレキテルの製作に桂川一門が大きく関わることになる。甫周の弟子高森観好《たかもりかんこう》は、甫周や中良とともに六〜七〇台のエレキテルを製作したと彼の弟子が記しているが、現存する物はない。

ほかにエレキテルの製作者としては、後述する日本電気学の父橋本宗吉《そうきち》や幕末の偉才佐久間象山《さくましょうざん》がいる。宗吉のものは源内のものとほぼ同じだったが、象山のものは時代が百年近く下るだけに仕組みが違っていた。一次コイルと二次コイルを備え、スイッチを開閉し、電磁誘導を起こすことによって電圧を生じさせるものだった。誘導コイル型と呼ばれているタイプで、当時はこれもエレキテルの仲間と認識されていた。この実物は現在、長野市立松代《まつしろ》小学校に残されている。

エレキテルは電気学の歴史には必ず登場する電気装置である。その修理・復元に成功したのは、日本では源内が最初だったことは間違いない。それがいかに困難な作業だったかは、すでに見た通りである。では、彼こそ我が国電気学の祖と言ってよいのだろうか。残念ながらその点は疑問である。

源内がエレキテルの仕組みを理解したといっても、機械的に理解しただけで、原理を把握したわけではない。源内の電気理解の基本は、中国に由来する陰陽二元論に基づく火一元論にあり、エレキテルの放電をその証拠だと考えるまでが限界だった。

しかも継続的に実験を行ったわけでも、電気学の紹介に努めたわけでもない。あくまでも一介の好事家として関わっただけである。

もっとも当時、電気学は西洋においてもようやく始まったばかりだった。有名なフランクリンの凧の実験によって、雷が電気であることが確認されたのが、この二〇年ほど前である。理論的にも、電気の本質は電気流体にあると考えられ、フランスのデュ・フェの二流体説と、フランクリンの一流体説が争っている段階で、未だ核心には迫っていなかった。

オーム、アンペール、ファラデーらによって電気学が確立されるのは、そのさらに半世紀以上後の一九世紀前半のことである。

日本における電気学の本格的研究も、源内から三〇年あまり後の橋本宗吉（曇《どん》斎《さい》）を待たなければならなかった。

橋本宗吉はなかなか面白い経歴を持った人物である。はじめ大坂で傘の紋描き職人をしていたが、その驚異的な記憶力を大坂の蘭学者たちに認められ、彼らの支援の下、江戸に出て蘭語を学んだ。わずか四ヵ月の間に覚えたオランダ語は四万語にのぼったという。帰坂後は医師を開業、そのかたわら西洋科学の研究・教育につとめるようになった。

宗吉の業績で特に顕著なのは電気学に関する実証的研究である。

彼はオランダ人ヨハン・ボイスが編纂した百科事典の電気学部分の翻訳を、自作の実験装置で実験・確認しながら進めていった。その研究成果に基づいて著したのが『阿蘭陀始制エレキテル究理原』である。これは日本初の実験電気学書となった。

源内を継いでエレキテルも復活させた。多数の客に手をつながせ、いっせいに感電させる百人嚇《おど》しとか、百人おびえとか言われる実演で評判をとった。ただし宗吉のエレキテルは現存しておらず、前掲書にその図が示されているのみである。

こうした業績から日本の電気学の祖にふさわしいのはやはり宗吉だろうが、源内がその先鞭をつけたことも間違いない。

源内の科学的業績としては、ほかに測定器具の製作がある。

## タルモメイトル

火浣布の創製に成功した翌年の明和二年（一七六五年）、旧知のオランダ通詞吉雄幸左衛門がオランダのカピタン（商館長）に随行して江戸に参府してきた。この折、源内は幸左衛門からオランダ製のタルモメイトル（寒暖計）を見せられた。目盛りを刻んだ銅板の上にガラス管が取り付けられ、管内には薬水が満たされている。気温が変化すると薬水が上下し、寒暖が示されるという仕組みである。

源内はその高価さに驚きながら、一目で原理を理解した。そしてこれなら自分にも簡単に作れると考えた。しかし彼がタルモメイトルの模造に成功したのは、それから三年後の明和五年（一七六八年）だった。簡単に作れるはずが三年もかかってしまったのはなぜか。

源内の弁によれば、タルモメイトルを見て以来、そのことを忘れていたが、三年後のとある日、暇ができたのでふと思い出して作ったのだという。さすが源内と言いたいところだが、城福勇氏は少し意地悪な見方をしている。初めは見くびったものの、いざ取り掛かってみるとこれがどうして容易ではない、苦心惨憺《さんたん》の末、三年がかりでようやく完成させたのではないかというのである。日頃の大言壮語と、凝り性で負けず嫌いが入り混じった源内の性格からすると、この説には説得力がある。

源内が見たオリジナルの寒暖計は管内の薬液に水銀を使用していた。源内はこれをアルコールで代用したのではないかと推測されている。源内の案内書『日本創製寒熱昇降記』には水銀ではなく、薬液とだけ記されているからだ。当時、水銀は広く知られた物質だったから、水銀を使ったとすればそう書くはずだと、城福氏は主張する。

技術史家の奥村正二氏も、水銀をガラス管に封入する技術は当時としては極めて高度で、簡単には実現できなかったはずだとしてアルコール説に賛同している。

この温度計を源内は「寒熱昇降器」と呼んだ。当時は温度という概念がなかったためである。また目盛りは現在の摂氏ではなく、華氏を採用していた。これは渡来先のオランダが華氏を使っていたためだった。日本での摂氏採用は明治以降のことになる。

しかし、どの程度正確に測定できたのかも含めて、現物が残されていないのですべては推測の域を出ない。

## 量程器(万歩計)

源内は現在の歩数計(万歩計)にあたる量程器も製作した。製作年はタルモメイトルよりずっと早く、宝暦五年(一七五五年)、高松藩に辞職願いを出し、妹婿に家督を継がせた年の翌年、つまり江戸に下る前年だった。井の中をはなれかねた蛙が、志度に留まっている間に製作したというわけである。

源内は何を参考に歩数計をつくったのか? これについて奥村氏はヨハン・ベックマンの名著『西洋事物起原』の記述に基づいて、ロンドンの時計師ペインが発明した歩数計だったのではないかと推測している。この器械は時計の機構を利用、歩行の際の体の揺れを歯車に刻んで、歩数を記録するものだった。原理的には、スマホなどに組み込まれている現在の万歩計と変わりない。

歩数計のアイデアはかのレオナルド・ダ・ヴィンチにまで遡れるとされるが、初めて実用化したのは、自ら開発した自動巻き腕時計をベースに製作したスイスの時計師・アブラアン＝ルイ・ペルレ（Abraham-Louis Perrelet）で、一七八〇年のことだというのが定説である。

『西洋事物起原』にあるペインとは　ロンドンの高名な時計師ウィリアム・ペインのことだが、ベックマンがもっとも成功した歩数計と評するペインの歩数計の製作年代は一八三〇年頃とされている。従って源内が参考にした可能性はないと思われる。またペルレの歩数計も発明年代がずれるので、可能性はないだろう。歩数計については、ベックマンも記述している通り、もっと早い時期の工夫がいくつかあった（第三代アメリカ合衆国大統領トマス・ジェファーソンもその一人）。従って、ペルレやペイン以前にヨーロッパのどこかで作られた歩数計がオランダ経由で長崎に渡り、日本のレオナルド、源内に受け継がれたということもあったかもしれない。これらの点にはまだ不明なところが多く今後の解明が待たれるところである。

ちなみに万歩計の名は、一九六五年にこれを商品化した山佐時計計器株式会社（YAMASA）の商標名である。英語では“pedometer”と呼ばれている。

源内の量程器が広く用いられることはなかったが、奥村氏はこれを技術史的に高く評価し、次のように述べている。

源内の万歩計は、日本が時計の輸入を機に、機械玩具を発展させていく過程において先駆的な立場にあったと評価してよい。それが人に知られていなかったために活用の場が得られず、むなしく消えていったことは無念というほかない。

(『平賀源内を歩く』)

時計から機械玩具へと言えば、幕末に活躍した天才からくり師田中久重《ひさしげ》(からくり儀右衛門《ぎえもん》)の「茶運び人形」や「弓曳《ひ》き童子」などが思い起こされる。日本が世界に誇るあのからくり人形たちは、確かに江戸開府とほぼ同時期に、西洋から入ってきた時計技術の産物だった。江戸の機械技術史を貫いて、源内と久重がつながるというのは興味深い。

江戸のからくり技術との関連でもう一つ思い出されるのが、幕末、かの伊能忠敬が日本地図作成の測量に使った量程車である。これは動輪と連動する歯車機構を使い、歯車の回転を距離に換算して測る装置である。しかし高低差などで距離が変わってしまうため、正確な測定はできず、あまり用いられなかったという。結局、彼らが最後に頼りにしたのは鉄鎖《てっさ》と間縄《けんなわ》を用いた愚直な手作業だった。

忠敬が源内の量程器を参考にしたという記録はないが、技術的発想としてはつながっているだろう。

量程器と同じ頃、源内はオランダの器械を参考に、方角を計る磁針器（方位磁石）も製作した。藩の重臣木村季明《すえあき》の求めに応じたものだった。磁針器は中国で水に浮かべて方位を知る「指南魚」などとして使われていた。これが改良されて航海に用いられることで、大航海時代が始まったとされている。

磁針器から八年後の宝暦一三年（一七六三年）にも、水平を調べる平線儀を作って、同じく木村季明に贈っている。

タルモメイトルにせよ、量程器にせよ、磁針器や平線儀にせよ、どれもオランダ製の器械の模倣。源内の独創ではない。だから源内の業績は取るに足らないと見なすのは早計というものだろう。源内が参考にしたのはエレキテル同様、現物のみ。詳細な設計図も解説書もなければ、指導する技術者もいなかった。その乏しい情報だけで原理を見抜き、早速実作に取り掛かり、とにもかくにも完成させてしまう。その理解力と実行力はやはり並ではないだろう。

からくり師源内による発明・改良のエピソードは他にも数多あるが、中には根拠の乏しいものも少なくない。その一つは源内が飛行船を飛ばしたという伝説である。この記述は天明八年（一七八八年）の櫟斎《れきさい》老人筆の『平賀鳩渓実記』にある。櫟斎老人の素性は明らかではないが、元祖ゲンナイスト（源内マニア）ともいうべき人物だった。源内の死後、源内とおぼしき人物が毎夜彼の夢にあらわれ、一代記を語ったという。その話を書き記したとして刊行したのが同書である。

そんなわけで資料としての信頼性には乏しいが、その「源内江戸表へ立帰る事」の章にはこう記されている。

長崎から帰府した源内が、長崎で求めた道具類を知人へ土産として贈ったが、その中に空中で乗る大船があった。オランダ人の作だが、長崎にも来たことのない珍器だった。船の乗員は五、六人。空中で風が止まる時は外に風根という物を下し、踏鞴（たたら）によって吹き上げる。風根は皮でこしらえ、通常は畳んで置く。

源内はオランダ人に頼んでこれを買い取り、畳んで江戸へ持参し、神田あたりの御大名（田沼意次か）へ土産として差し上げたという。


実記には、飛行船のイラストも掲載されている。そこには気球に似た「風袋」と、錘《おもり》のような「ケンスフル」が描かれ、別に袋のような風根も描かれている。これで本当に飛ぶのかという疑問が湧くような図だ。

これについて奥村正二氏は、飛行船には推進機関がある。これにはそれがないので軽気球の一種と考えられるが、当時、国内で軽気球が上がったという確実な記録は存在しない。従ってこれも源内の天才性によりかかって、なんでも彼にくっつける源内伝説の一つではないかと指摘している。

同種のエピソードに、秋田県仙北《せんぼく》市の年中行事「上桧木内《かみひのきない》の紙風船上げ」にまつわるものがある。

市の無形民俗文化財に指定されているこの行事は「無病息災」や「五穀豊穣」「家内安全」など、その年への願いを込めて、武者絵や美人画が描かれた巨大な紙風船を空に浮かべる年中行事である。町の言い伝えによればその起源は平賀源内にあるという。彼がかつて銅山の技術指導に訪れた際、熱気球の原理を応用した遊びとして伝えたというのである。

源内は秋田に赴く際、オランダ渡りの珍器・奇器の類を持参して、領民を驚かせ、また楽しませた。その中には、軽気球に類するものもあったかもしれないが、それを伝える資料はない。熱気球は一七八三年、フランスのモンゴルフィエ兄弟がパリで有人飛行に成功したのが最初。つまり源内の死後の発明というのが定説である。もっとも、人が乗らない熱紙風船はそれ以前から中国などに存在したので（中国では「天灯」）、源内が長崎でその種のおもちゃを仕入れて伝えた可能性はゼロではないかもしれない。

また源内は、一説には竹とんぼの発明者とも言われ、これを史上初のプロペラとする人もいる。しかし、竹とんぼは古くから中国にあったことが知られ、日本でも奈良時代の遺跡から木製のものが出土しているので、源内の発明とするのはやはり少し無理があるのではないか。子供の遊びとして流行したのは江戸中期というから、この流行には源内の影響もなにがしかあったのかもしれないが。

ついでに言うと、静岡県牧之原《まきのはら》市に江戸時代から伝わる「相良凧《さがらたこ》」の創始者も源内だとされている。喧嘩《けんか》凧で有名なこの凧には尾がなく、長崎凧に似ている。長崎凧とは、出島のオランダ館の従者であったインドネシア人が伝えたとされる南方型の凧。ここから源内が長崎から持ち返って伝えた長崎凧が、相良凧のルーツになったのではないかというのである。

興味深い仮説ではあるが、これもいささかあやしい。確実な史料もない上に、この説の根拠が、後述するもう一つの源内伝説「源内生存伝説」だからである。いわば伝説に伝説を重ねたようなもの。

弘法大師の大師伝説のごとく、とかく偉人や天才はなんでもかんでも引き合いに出され、箔付けに利用される傾向がある。そんな伝説の真偽を追求してもあまり意味はないので、提唱している史家には申し訳ないが、この程度にしておくことにしよう。

# 第六章　殖産・振興にかける

## 発想の転換

源内が取り組んだ事業はこれまで紹介してきたほかにも数多い。その一つが陶磁器の製作である。

当時、日本の金持ちの間では、「南蛮渡り」といって、中国やオランダ製の高価な陶磁器が珍重されていた。だが高額な買い物は国内の正金銀（金銀貨幣）の流出に直結する。長崎でその現状を目の当たりにした源内はこれを憂え、国内の陶磁器産業を育成して外国に輸出しようと考えた。

西洋からの輸入を食い止めるだけではなく、優れた国産品を作って逆に輸出する。それによって国を富ませる。この殖産興業的な発想の転換は、幕末の開明君主や維新の思想家たちにもほとんどなかったものである。しかもその実現に信念を持って取り組んだのは、江戸時代を通じても源内だけだったのではないだろうか。

彼が陶磁器製作の拠点に選んだのは、九州の天草《あまくさ》と郷里の讃岐志度だった。二度目の長崎遊学の折、源内は肥後（熊本県）の天草で出土する天草陶石が極めて良質なのを知った。これを使って窯業《ようぎょう》を興せば外国にも輸出可能な磁器ができると考えたのである。こうした陶石の目利きに、若き日の志度での陶芸修業が役立ったことは言うまでもない。

源内は早速、天草代官揖斐《いび》十太夫政俊《じゅうだゆうまさとし》に磁器製造の建白書『陶器工夫書』を提出した。その中で件の陶石を「天下無双の上品」と絶賛し、伊万里、唐津、平戸等も同じ陶石を使っているが、どれも陶工の腕が不十分で、絵柄も野暮ったく凡俗を出ない。自分なら、天草や長崎、あるいは志度から腕のいい陶工を呼び寄せ、この陶石で、外国に負けない上品を作れると胸を張った。しかし、結局、この建議は採用されなかった。

すると、今度は郷里の志度に本格的な窯《かま》を築き、天草の陶石を取り寄せて製陶しようとした。友人の渡辺桃源などに再三出資を呼び掛けたが、慎重な桃源がこれに乗らなかったため計画倒れに終わった。

桃源のそっけない態度について土井康弘氏は、その裏には旧友のこんな思いがあったのではないかと推測している。桃源は源内が郷里に帰って、高松藩に再出仕することを望んでいた。もし焼き物と後述する羅紗《らしゃ》の事業がうまくいかなければ、いずれ金に困って志度に戻って来るにちがいない。そう思って、あえて協力しなかったのではないかと。

うがちすぎのような気もするが、興味深い説である。あるいはそのような理由もあったかもしれない。

源内が陶磁器に関わったのは、天草が最初ではない。それ以前から、志度で地元の陶土を用いた焼き物を、職人たちに指導していた。「源内焼」、または「志度焼」と呼ばれたこの焼き物は、緑、茶、黄などを基調とする鮮やかな彩色と、世界地図やアルファベット、異国の珍しい動物など、異国趣味溢れる斬新なデザインを特徴としていた。実用よりは鑑賞に重きが置かれたその焼き物は、大名や幕府高官の間で大いにもてはやされた。

源内焼の原型は、中国明、清代に交趾《こうち》地方（現ベトナム）で生産された交趾焼だと見られている。長崎でその技法を学んだ源内が志度に伝え、デザインも西洋画の技法を取り入れたのである。

ただしその異国趣味は、西洋よりは、やはり中国の影響のほうが大きいのではないかと指摘するのは城福勇氏である。

源内焼に、彼の異国趣味を見るのはよいが、それは中国趣味である場合が多く、西洋風ないしオランダ趣味は、必ずしも濃厚ではない。要するに同焼は、やはり中国陶器の範疇に入れるべき交趾焼風のものにほかならなかったのである。

（城福勇『平賀源内』）

源内焼のうち特筆すべきは、森島中良の『紅毛雑話』に紹介されている自動噴水器である。これはサイフォンの原理を利用して水を噴き上げるもので、彼のからくりの才が発揮された逸品だった。

源内焼に携わった陶工たちはほとんどが志度の人々だった。源内の甥で、源内から洋風画の技法を伝授された堺屋源吾《さかいやげんご》、源内に習った赤松弥右衛門の孫松山、さらにその技は彼らの子や孫まで継承されて、讃岐の焼き物の源流となったのである。

一度は捨てた郷里だったが、やはり「故郷忘じがたく候」（司馬遼太郎『故郷忘じがたく候』）で、なにかと尽くそうとした源内の心情が透けて見える。しかしこれも天草陶石の場合と同様、当てにしていた資金協力が得られなかったため産業としては定着せず、やがて自然消滅してしまった。

明治時代になって、源内の子孫により一時再興されたが、残念ながらオリジナルには遠く及ばず、これもすぐに衰退してしまった。

**羅紗**

同じく彼が郷里で手がけた産業に羅紗の製造がある。

羅紗は羊毛を原料とする厚手の毛織物で、安土桃山時代から輸入され、豪華な見映えから最高級品として武将の陣羽織などに珍重されていた。江戸時代にはオランダから輸入されるようになり、実用的には、防寒や耐久性に優れているためカッパや、強い難燃性を活かして火事羽織などに用いられた。近代では軍服にも使われた。また、羽織や帯に使われて、庶民の間にも浸透していった。

当時の羅紗はすべて輸入品で高価だったため、金銀の流出を招いていた。国富の増大にかける源内にとって高級輸入品は親の仇。そこで国益を守るべく国産化に立ち上がったのである。

源内がまず着手したのは、原料の羊毛をえるための綿羊（緬羊）の飼育だった。飽きっぽい性格とは裏腹に凝り性で、やるとなると徹底するところが源内らしい。

志度で飼育されたのは、彼が長崎から持ち帰った四頭の綿羊だった。世話は権太夫と桃源に託されていたと見られる。いつもいつも先走りの人に振り回される二人にはご苦労様と言いたいが、それを知ってか知らずか、源内は藁をたくさん食べさせると「臓腑を巻き死」んでしまうので注意せよ、など、餌の与え方まで細かくアドバイスしている。

しかし、ようやく育った綿羊の毛を刈り取っていざ試し織りをしようとしたところで一つの障害にぶち当たった。当時の日本では輸入中心の事情から毛織物の技術がまだ普及していなかった。そのため、郷里の志度、高松では織り手が見つからなかったのである。最後に堺（現大阪府堺市）の業者の助力を得て、ようやく最初の国産毛織物の試織にこぎつけたのだった。

飼育から始まって一〇年。苦心の末の成果だったので、源内の喜びもひとしおだった。その感激は完成した織物に、自分の本名から取って「国倫織《くにともおり》」と名付けたことからもうかがえる。だが、こちらも桃源ら出資者の理解がえられず事業化にはいたらなかった。

ほかに思いついたのが、菅原櫛と金唐革紙《きんからかわし》だった。

菅原櫛は材質に高価な香木の伽羅《きゃら》を用い、これに絵模様を刻み、象牙の歯を植え、背には銀の飾りをはめ込んだ高級櫛。名前の由来は、菅原道真を出した菅原一族の家紋である梅鉢《うめばち》を櫛に施したからだという。安永五年（一七七六年）春から売り出すと人気を博し、かなり高価だったにもかかわらずよく売れた。

この人気には源内の宣伝マンとしての能力が遺憾なく発揮されていた。商品を広く周知させるため、当時の人気遊女「雛鶴《ひなつる》」にこの櫛をプレゼントしたのである。雛鶴さんが使うなら私もというわけで、江戸の女性たちが飛びつき、たちまち大流行したと言う。今なら人気女優やモデルに美容品を使ってもらい、その人気に便乗するようなもの。抜け目ない商売人の源内先生だった。

「金唐革紙」はさらに大胆なアイデアが活かされたいかにも源内らしい一品だった。

元になったのは欧米の皮革工芸品である「金唐革」だった。金唐革は薄いなめし皮の表面に、型を使って唐草や花鳥などの文様を浮き上がらせ、金泥などで彩色を施したもの。西洋では宮殿や官庁などの室内を飾る高級壁装材として重用された。

一七世紀半ばには日本にも、スペイン製の金唐革がオランダ経由で輸入された。見映えがよく高級感があり、かつ入手困難な輸入品であるため、武士や富裕な商人の間で珍重された。武士は刀の柄や馬具などに用い、商人は煙管入れや屏風仕立てにして楽しんだ。

この輸入品の金唐革を和紙で代用しようというのが源内の思いつきだった。金唐革ならぬ金唐革紙（金唐紙）というわけである。では、源内はどうやって金唐革を和紙で代用したのか。

彼のアイデアは厚手の和紙の上に、浮世絵の空摺りの技法で模様を描き、その上から漆で彩色するというものだった。それによって金唐革の見映えに近づけようとしたのである。しかしこの模造金唐革は、見かけはともかく、極端に湿気に弱かったため、とても本物の代わりにはならず、商品化はあきらめざるをえなかった。

菅原櫛と金唐革紙は、源内の日頃の主張である国産論とはいささか性格を異にする。はっきり言えば主目的は生活費稼ぎ、乏しい懐を少しでも潤す工夫だったと考えられる。実際、源内はこの頃は相次ぐ事業の失敗などで金銭的にかなり窮乏していた。

## 能動的楽天主義

なぜ源内の事業はかくも失敗を重ねたのだろうか。源内の移り気な気性や見通しの甘さもあっただろう。だが、それよりも彼の起業方法や経営方法に問題があったのではないだろうか。

源内が事業に挑むときには、たいてい最初に新しい発見とか、モノづくりがあった。いわば発明家とか山師とかの発想である。火浣布では石綿の発見、鉄山事業では新しい鉱脈の発見。陶器、羅紗などモノづくりでは、モデルとなる外国産の完成品がまずあった。そこから遡って技術を探り、同等の国産品を作り出そうとしたのである。

ここにおいて源内の創造的能力は大いに発揮された。ここまではよいだろう。しかし産業として成り立たせるためにはそれだけでは足りない。組織の立ち上げ、資金の調達、一定の生産量と品質の確保、販路の開拓など、さまざまな条件をクリアーしなければならない。ところが源内の場合には、思い付くと、あとはなんとかなるだろうと、見切り発車的に着手してしまう。芳賀徹氏が「能動的楽天主義」と呼んだ源内の癖である。創業者には必要な資質かもしれないが、経営者としてやはり欠けるところがあったと言わざるをえない。

源内の失敗の要因はそれだけではない。もうひとつの大きな要因はやはり時代の先を行き過ぎたことにある。つまり早きに失したのである。

事業を立ち上げるのには早過ぎても駄目、遅過ぎても駄目とよく言われる。時代の半歩先くらいがちょうどよいというのである。

ところが源内のような天才的人物というものは、とかく時代の一歩も二歩も、いや三歩も四歩も先を行きたがる。凡人が求めるような半歩先の成功などでは満足できないのである。

当然、そのアイデアは人々の無理解という悲劇に直面する。しかし当人は自分の素晴らしい発想がなぜ理解されないか、わからない。ひょっとしたら創意工夫がまだ不十分だったのか。だとすれば、もっとよいアイデアを出せば認められるはずだ。そうやってますます過激で先鋭的になり、ますます見放されていくのである。天才の悲劇というしかないだろう。

しかも源内の時代、江戸の商業経済が発展したとはいえ、人々が産業の育成に手を貸すほどには社会が成熟していなかった。協力者と期待した郷里の知友、朋輩もその意識はまだ希薄で、源内の思いとの間には大きな隔たりがあった。源内の孤軍奮闘もこのような状況に置いてみないと、その苦労は理解できないだろう。もっとも、彼の努力はまったく無意味だったわけではない。菅原櫛はかなりのヒット商品になったし、金唐紙は明治になって復活、源内の思い遂げる輸出品となったからである。

源内の作った金唐革は1830年代に大手の紙企業が取り上げ、明治になって大蔵省印刷局まで巻き込んだ輸出商品になる。（田中優子『江戸の想像力』）

源内ののち、金唐紙は伊勢（三重県）で製作され、煙草入れなどの小物に商品化された。幕末には大判の金唐紙が江戸で製造され、敷物として売り出された。それが幕末から明治にかけて来日外国人の目に留まり、明治六年（一八七三年）にはウィーンの万国博覧会に出展して注目されたのである。

その後、鹿鳴館など洋館建築の壁紙に利用され、ジャポニスムに沸く西欧へも輸出された。だが、量産を急ぐあまり品質が落ち、安価なプリント壁紙が出回ったこともあって需要が激減、昭和三〇年代後半には最後の工場が閉鎖し、技法も途絶えることになった。

これを惜しんで、現代に蘇らせたのが「金唐紙研究所」代表の上田尚《たかし》氏である。奥村氏が紹介している上田氏の製法は次の通り。

原紙は手すきのコウゾ紙、ミツマタ紙を重ねた和紙。その上に箔を貼り、裏を水で湿らせ、文様が施された版木棒に巻いて、打ち刷毛で叩く。四、五時間かけて均等に叩き続け、紙の繊維をからませる。

乾燥させた後、裏貼りをして、漆や油絵の具で着色。錫箔はワニスを塗って金色に輝かせる。裏面に柿渋などの耐水剤を数回塗布すれば完成である。

こうして甦った金唐革紙を上田氏は「金唐紙」と呼んでいる。工芸史における源内の功績を伝える貴重な試みだと言えよう。

## 庇護者田沼意次

源内の旺盛な事業欲を考えるには、彼の陰の庇護者《ひご》となった老中田沼意次について触れなければならないだろう。

かつて田沼は賄賂《わいろ》政治の象徴的存在として、時代劇などでも悪の親玉に擬されていた。米の買占めで庶民を苦しめる悪徳商人、「お前も悪よのう」と、小判を潜めた菓子折りを受け取る悪代官、それを裏で操る悪のラスボスが老中田沼意次というわけである。

これには、歴史学者大石慎三郎氏も指摘するように、側用人の悪いイメージがそのまま反映されていた。側用人は幕閣を差しおいて、直接、将軍に話しかけることができる。さらにその言葉は将軍の言葉と同一視されるため、老中や目付ですら顔色をうかがうようになる。自然、付け届けも多くなり、いつの間にか賄賂政治の元締めになっているというわけである。近頃、原発行政を巡る電力会社のトップと町政のボスの同様なやりとりが明るみに出て、いつの時代の話だと呆れられたが、そうしたイメージのルーツとも言えよう。

　ところがそんな側用人の評価がしばらく前から大きく様変わりしている。とりわけ田沼意次の評価の手のひら返しは著しい。

　前出大石氏は側用人の価値は幕府政治の表と裏、すなわち「柔構造の幕府と、老中を筆頭とする剛構造の幕府」（大石慎三郎『将軍と側用人の政治』）の両極の頂点に立ち、巧みに政治を仕切るところにあるとする。そこから現在では悪のラスボスどころか、殖産振興政策のリーダーとして、政治経済の改革者として評価されつつあるのである。

　田沼意次とは一体どんな人物だったのだろうか。

　意次は、江戸中期の享保四年（一七一九年）、六〇〇石取りの旗本の長男として江戸に生まれた。

　父意行《おきゆき》は足軽だったが、八代将軍徳川吉宗の部屋住み時代から仕え、吉宗が将軍になると幕臣に取り立てられた。六〇〇石取りといえばまずまずの中堅旗本だが、その家を継ぐだけでは幕府の中枢に上るなど夢のまた夢だった。

意次の出世の糸口は、九代将軍となる徳川家重の西丸小姓に抜擢されたことだった。家重が将軍に就任すると、これに伴って本丸に仕えた。以後、その才覚と実績を評価されて、小姓組番頭から御側御用取次に取り立てられた。柳沢吉保《よしやす》などの例を見るまでもなく、幕府において側用人はたたき上げの出世コースである。意次もその道を順調に歩み出したのである。

意次のさらなる飛躍のきっかけは、宝暦年間に発生した郡上一揆《ぐじよう》だった。美濃国郡上藩（現岐阜県郡上市）で起こったこの大規模一揆の原因は幕府での出世を願った藩主金森頼錦《かなもりよりかね》が、その資金にするため年貢を引き上げたことにあった。重税を課せられた領民が幕府に訴え出たのである。

この騒動に幕閣中枢が関与したとして吟味、裁判が行われた。意次も評定所を通してこれに関わった。吟味の結果、藩主が改易され、老中から郡代に至るまで大量の処分者が出るという大事件になった。この解決に大きな功績を挙げたことで、意次はさらに出世階段を上って行ったのである。

郡上一揆の引き金は藩主による年貢増徴策にあったが、この頃、幕府や諸藩では、年貢の収量が下がり、米の値段が他の物価に比べて安い状態が続いた。そのため、年貢米に依存する幕府や諸藩の実収入も伸び悩んでいた。そこで年貢の取り立てを厳しくして財政の健全化を図ろうとしたのだが、その過程で、米中心の重農主義の問題点が露見し、政策に限界が見えてきた。これに対し、商業資本などからの間接税収入に活路を見出そうとする一派が現れ、年貢増徴派との路線対立が鮮明になっていった。

郡上一揆で処分されたのは増徴派の幕閣だったため、以後間接税派が優勢になり、田沼時代の基盤ができていった。

一〇代将軍家治からも厚い信任を受けた意次は遠州相良二万石の城主となり、側用人から遂には老中にまでのし上がった。従来、老中が側用人を兼ねる例はなかったが、意次の場合は例外的に兼職した。これにより、幕政の表と裏の両極の頂点に立ち、絶大な権力を掌握することになったのである。最後は五万七千石を与えられた。

## 田沼時代

幕閣中枢に座った意次が意欲的に取り組んだのは、懸案の財政赤字解消だった。幕府の財政赤字の原因は大きく言えば、旧来の米中心の経済と、めざましく発展する市場経済との矛盾にあった。

幕府開設以来、その財政は米の生産能力に基づく石高を柱としてきた。藩の規模から武士の給与まですべてが石高に換算され、これに基づいて賦役や年貢が決められたのである。石高制は封建社会の根幹だった。

しかし江戸中期になると商業の発展により、貨幣経済が発達、米の占める割合は相対的に縮小していった。にもかかわらず幕府は米中心の経済を脱することができず、そのため財政赤字が膨らみ続けていたのである。

これを改めるべく行われたのが八代将軍吉宗による「享保の改革」だった。

吉宗の政策は年貢収納の強化と新田開発の二本柱から成っていた。年貢増収のためには、村ごとの過去数ヵ年の年貢の平均に基づいて年貢高を決定し、一定期間は豊作・凶作にかかわらず徴収を実施する制度を定めた。併せて、収量自体を増やすため新田開発を推進、また飢饉対策としてサツマイモ栽培を奨励した。

一方、都市の商業資本に対しては、商工業者の同業組合である株仲間の公認や通貨の統一に努め、旗本や御家人に対しては倹約の奨励と併せて借金苦の救済を図った。しかし急激な変革は民衆の不満を募らせ、これに冷夏と害虫による大凶作が輪をかけて、全国で一揆や打ちこわしが急増した。そのため改革は思うように進まず、財政危機も解消されなかった。

吉宗の改革を継いだ意次は、財政危機の原因は単なる贅沢や浪費ではなく、米経済を基盤とする体制の根本的欠陥にあると考え、商業を重視する経済政策の大転換を図った。

その一つが吉宗以来の株仲間の積極的育成だった。これにより米以外の商品生産を奨励し、商人を幕府の独占支配下に置こうとしたのである。二つ目は銅座・真鍮《しんちゆう》座・人参座など、産物の流通を統制する場を設けたことだった。専売特権と引き換えに、そこから上がる運上金・冥加《みようが》金を税として徴収するようにしたのである。

また、新田開発や鉱山開発で年貢収入の増加を図り、印旛《いんば》沼や手賀《てが》沼の干拓に取り組んだが、こちらは天明の洪水により失敗に終わった。

貿易では、中国向けの海産物輸出品、いわゆる「俵物」の専売によって海外貿易の道を広げた。これにより貿易収支が黒字に転換、好景気と財政改善により田沼時代と呼ばれる繁栄がもたらされた。

吉宗以来の蘭学も引き続き手厚く保護、身分によらない実力主義に基づく人材登用も試みた。平賀源内との親交も、こうした方向性に沿ったものだったと言えるだろう。

二人の関係に関する資料はほとんど残されていないが、源内の手紙にはしばしば田沼の庇護をうかがわせる文言がちりばめられている。たとえばこれは、二度目の長崎遊学から三年後の手紙である。

四年以前、田沼侯御世話ニて、阿蘭陀本草翻訳のため長崎へ罷越し候。段々珍書共手ニ入れ、且蛮国珍事共承り出で、御国益ニも相成り候事共数多御座候

（服部玄広宛て、安永二年四月二十五日）

「田沼侯のお世話で長崎へ」というのが、どの程度の支援だったかは不明だが、意次が本草学者の時代から源内の才を知り、自らの経済政策の頼もしい先兵と見ていたことは間違いない。それどころか源内は意次の意を体して、開発事業に邁進《まいしん》したのだと主張する論者すらいる。

いずれにせよ、小身の旗本から五万七千石の大名にまでのし上がった異能の政治家と、江戸を震撼《しんかん》させた異才は、「物産の一点で交錯」（野口武彦『物産・商品・言語』）し、殖産振興の時代を共有していたことは疑いえないだろう。

源内の才能は田沼時代だからこそ開花したというのは城福氏から大石慎三郎氏までの研究者の一致した見解である。

平賀源内にしても……、世に受け容れられない不満を胸に抱きながらも、江戸ではその才能の花を咲かせることが出来た。田沼時代とはそうした余裕のある、開放的な時代だったのである。これが松平定信の時代であったら、こうした文化人たちの才能が世に出ることはなかっただろう。（大石慎三郎『将軍と側用人の政治』）

しかし田沼の開放的な政策は諸刃の剣だった。商業の発展により商人はさらに力をつけ、都市部で町人文化が花開く一方、農業から上がる利益は薄くなり、田畑の放棄に至る者も少なくなかった。農村が荒廃すると、米に依存する武士の生活もますます困窮していった。

加えて、印旛沼運河工事の失敗、明和の大火、浅間山の大噴火、天明の大飢饉など天災・人災が相次いで都市部の治安は悪化、一揆・打ちこわしが激化した。この対応に失敗したことで田沼政治に対する批判が高まった。しかも商人の権益を図ったため、贈収賄の中心人物と目され、厳しい非難が浴びせられるようになってしまった。

急激な改革には譜代門閥層からの反発も強く、若年寄にのぼった嫡男が江戸城内で暗殺されたのをきっかけにさしもの権勢も衰え始めた。天明六年（一七八六年）、将軍家治の死去とともに失脚、すべての財産を没収された上蟄居を命じられ、その二年後、江戸で死去した。

意次失脚後は反田沼派が実権を握り、彼の経済政策はことごとく否定され、元の重農主義に回帰した。この後、白河藩主松平定信が徹底的な緊縮財政に基づく「寛政の改革」を断行した。だが、その経済政策は失敗し、田沼時代の資産も食いつぶす結果となった。このため初め賄賂政治の終焉を歓迎した民衆からも不満の声が上がるようになった。こんな狂歌が当時の人々の気持を代弁しているだろう。

白河の清きに魚も住みかねて　もとの濁りの田沼恋しき

# 第七章　戯作者源内

## 宝暦・天明の文化

才人源内の快進撃は科学・技術や産業振興にとどまらなかった。若い頃から関心のあった文芸の世界でも確固たる地位を築いた。

文人源内の誕生は、江戸を中心とする文芸の興隆と無縁ではなかった。

江戸の文化といえば、五代将軍徳川綱吉の治世下、松尾芭蕉や井原西鶴、絵画では尾形光琳や菱川師宣が登場した元禄文化、また一一代将軍徳川家斉《いえなり》の治世下、小林一茶、十返舎一九、曲亭馬琴、葛飾北斎、歌川広重などが活躍した化政文化がまず思い浮かぶ。しかし近年は、その間に位置する九代将軍家重、一〇代家治治世下の宝暦・天明文化が注目されつつある。

六代将軍家宣から八代吉宗に至る正徳の治・享保の改革では、蘭学など実用的な学問が奨励された反面、文芸などは享楽的、退廃的だとして引き締められた。しかし商品経済・貨幣経済が浸透し、都市を中心に華やかな消費生活が生まれると、国学や蘭学、黄表紙や浮世絵などの学問・文芸の多様な発展もみられた。ここから江戸を中心とする文人趣味のサロンやネットワークが生まれた。田沼時代になるとそれが地方へも広がり、いわゆる宝暦・天明文化が花開くことになったのである。

絵画では、写実的な画風で人気を博した円山応挙《まるやまおうきょ》や、近年とみに評価が高い伊藤若冲《じゃくちゅう》ら奇想の絵師たち、文人画の与謝蕪村《よさぶそん》、池大雅《いけのたいが》などが登場した。源内の友人である鈴木春信が錦絵の技法を完成させ、喜多川歌麿、東洲斎写楽によって浮世絵黄金時代の扉が開かれる一方、西洋画では源内の手ほどきを受けた小田野直武、司馬江漢などが活躍した。

文芸では、松尾芭蕉の俳風（蕉風）の再興者とみなされる与謝蕪村が登場し、天明の俳諧中興をリード、世相や風俗を読み込んだ川柳も成立した。山東京伝、恋川春町、大田南畝などが洒落本・黄表紙・狂歌などの新ジャンルを生み出して人気を博し、大坂でも『雨月物語』の上田秋成や浄瑠璃の竹田出雲が活躍した。
学問の世界にも活気が生まれた。日本本来の思想を見直そうとする国学が勃興し、賀茂真淵を継承した本居宣長が『古事記伝』を著した。蘭学では杉田玄白や前野良沢らが『解体新書』を刊行。本草学における田村藍水、平賀源内の活躍は言うまでもない。

そんな中で源内が文芸の世界に足を踏み入れるきっかけとなったのは、江戸の文人たちとの交流だった。

江戸に出て七年後、源内は国学を樹立した賀茂真淵の門に入って、日本の古典文芸、歌学、国学の基礎を学ぶようになった。漢籍や日本文芸の古典に親しんで、本草学の古典解読に役立てようとしたのだが、これをきっかけに江戸の文人たちとの交際が始まった。特に親しくなったのは、平秩東作《へづつとうさく》、南条山人、大田南畝らである。彼らは狂歌作者や戯作者を中心とする天明文壇の中心メンバーだった。

このうち、平秩東作は大田南畝と並ぶ天明狂歌壇の長老の一人である。内藤新宿の馬借（馬を使う運送業者）の子に生まれ、文才を活かして談義本の作者として出発、のち狂歌師として活躍した。そのかたわら田沼政権に近づいて、炭焼事業を試みて失敗したり、蝦夷に渡って越冬するなど、事業欲というか、悪く言えば山師的な功名心も垣間見えた。そんなところも源内と馬があったのかもしれない。

東作の功名心は一つの暗いエピソードを残している。当時、真宗異端派の御蔵門《おくら》徒は邪教として禁じられていたが、彼はその集まりに信者を装って潜入、これを告発したのである。信者は極刑に処され、東作は褒美をえた。

南条山人こと川名林助は、江戸の生まれ。一時は仕官したようだが、その後、故郷を捨てて各地を放浪した。いわば脱藩浪人であり、源内とはよく似た境遇にあった。本草学の志もあり、その縁で一時、源内宅に居候していたこともある。世に出る前の大田南畝を源内に引き合わせたのは彼だった。

最後の大田南畝は江戸を代表する文人で、狂歌名は四方赤良《よものあから》、蜀山人。下級武士の家に生まれ、源内より二一歳、林助より一七歳年下だった。

早くから才気を表した南畝は、一九歳で戯れに作った狂歌が源内の目にとまり、その力添えで狂歌集『寝惚先生文集』を出版した。序文は源内が書いた。これが出世作となり、やがて天明調を代表する狂歌師となった。その後、狂詩、狂文、黄表紙、洒落本、随筆から正統的な詩文まで、各分野で作品を発表、江戸文芸界の盟主として君臨した。随筆・考証にも業績を残した。しかし松平定信の寛政の改革で出版の統制が強まり、山東京伝らが処罰されると、狂歌界と関係を断ち、幕臣としての務めに専念した。このように最後まで末席の幕臣として通しながら文芸に邁進したところが、源内や林助とは異なるところだった。

南畝は源内の『根無草後編』の序を書いているが、これは処女出版で世話になったお返しだっただろうか。こうした文人との交友に生来の「風流の志」、文芸嗜好が刺激され、戯作者源内が誕生したのである。

ところで、この時代に登場し、大流行した狂歌や戯作とはどのようなものなのか。狂歌は和歌から出た五・七・五・七・七形式の短詩で、詠み手の感情を豊かに表す和歌とは異なり、風刺や皮肉、しゃれなどを前面に押し出すところが特徴である。天明年間頃に大流行を見て、天明狂歌とも呼ばれている。

先に挙げた「白河の清きに魚も住みかねて　もとの濁りの田沼恋しき」や、これより後代の作となるが、黒船到来を詠んだ「泰平の眠りを覚ます上喜撰　たった四杯で夜も眠れず」などが有名である。

一方、戯作とは、江戸時代後期の通俗的な読み物の総称である。インテリの素人が手すさびで書いた小説と、その後の職業的作家たちによる作品が含まれ、代表的な作家には前出の曲亭馬琴や十返舎一九のほか、上田秋成、山東京伝、式亭三馬、為永春水《ためながしゅんすい》などがいる。

戯作は小説とどう違うのか。私たちが小説として思い浮かべるのは、夏目漱石や森鷗外を筆頭とする明治以降の文学作品で、その特質としては、リアリズム、内面性、告白、言文一致などが挙げられている。一般に純文学と言われる小説類がこれにあてはまるだろう。これに対して戯作は、勧善懲悪、物語性、ユーモアと諧謔などを特徴とし、時代小説、推理小説、ＳＦなどの大衆文学に受け継がれたと考えられる。

## 風流志道軒伝

源内の文筆における代表作としては、風来山人の筆名で著した『風流志道軒伝』や天竺《てんじく》浪人名義の『根南志具佐』などの滑稽本や戯作、福内鬼外《ふくうちきがい》名義で発表した浄瑠璃『神霊矢口渡』などが挙げられる。

このうち、主人公が巨人国、小人国、女護島などを遍歴する『風流志道軒伝』は、スウィフトの『ガリヴァー旅行記』を思わせる風刺とファンタジーの快作と評されている。

本作の主人公深井浅之進のモデルは、江戸で一世を風靡した人気辻講釈師深井志道軒の若き日の姿である。志道軒は元は真言宗の僧で、若くして大僧正の侍僧となったが、身を持ち崩して没落。その後、享保初年頃から浅草観音堂脇に高床を設け、身振り豊かな講釈で生計を立て始めたのだった。

陰茎をかたどった棒を片手に、軍記から『源氏物語』『徒然草』にまで及ぶ天衣無縫な講釈は、猥雑、滑稽の極みで大人気。とりわけ僧侶と女には辛辣で、客の中に見つければ誹謗《ひぼう》の限りを尽くし、境内は哄笑《こうしょう》の渦に包まれた。その人気は、一時は歌舞伎の二代目市川団十郎（市川海老蔵）と二分するほどだったという。

されば江戸に二人の名物あり。市川海老蔵と此の志道軒親父なり。（『風流志道軒伝』）

大田南畝の随筆『金曾木《かなそぎ》』によれば、源内は志道軒に師弟の礼を執ったこともあったという。春本『長枕褥合戦《ながまくらしとねかっせん》』を上梓した際には、志道軒高弟（弟子）悟道軒を称したことからもその傾倒ぶりがうかがわれる。

さて本作『風流志道軒伝』――。

浅草観音の申し子として生まれた深井浅之進は幼少より眉目秀麗で聡明だった。僧となってお寺で修行に打ち込んでいたところ、突如、シナの風来仙人があらわれ、お寺などにいては真の修行はできないと諭す。

汝元来生れつき衆人に勝れたるに、父母は仏法にとらかされ、出家させんとする事、金を泥中に抛《なげうつ》がごとし。我是を救はんがため、汝を爰にまねけり。それ仏法は寂滅を教《おしえ》とし、地獄極楽なんど名を付けて、愚痴無智の姥嚊を教ふる方便にして、智ある人を導くべき教にはあらず。（『風流志道軒伝』）

つまり、おまえは生まれつき人に勝れているのに、父母が仏法に惑わされて出家させようとするのは、金を泥に捨てるようなもの。それでわしはお前を救おうと思ってここに呼んだのだ。そもそも仏法の教えは生者寂滅にある。それを地獄極楽などと名付けて因果応報を説くのは、無智な衆生を教える方便であって、智ある人を導くような教えではない――というわけである。

この手の仏法批判は彼の戯作の随所に登場する源内独特のもの。つまり物語に出てくる風来仙人は源内自身がモデルということになるだろう。

浅之進がいかにももっともだと教えに納得していると、仙人は、今お前がやるべきは庶民の生活や人情を知ることだ。まず遊里を巡れ。そう言い置いてたちまち消えた。あとに残されたのは、空中を自在に飛び回り、身を隠すこともできる魔法の羽扇。

浅之進は仙人の言葉通り、その羽扇を使って全国の遊里を巡った。その後、日本を離れ、大人国、小人国、足長・手長国、穿胸国、いかさま国のような珍しい国々、さらには「ベトナム」「スマトラ」「ボルネオ」「ミャンマー」「インド」「ペルシア」「モスクワ」「アルメニヤ」「オランダ」など、世界中の国々を行脚し、庶民の生活を観察していった。

それらの見聞の随所に、源内流の風刺が盛り込まれていく。

たとえば穿胸国では、国民は皆、胸に大きな穴が開いている。穴は大きければ大きいほどよいとされる。浅之進は国王に招かれて王宮におもむき、姫の婿になりかけるが、儀式用の装束に着替えている間に、胸に穴がないことが王宮の官女たちに発見されてしまう。胸に穴のない者が国王になるなどとんでもないと、王宮中が大騒ぎになり、浅之進は国外追放されてしまう。国や人種が違えば、価値観も違う。

ここには、風刺文学やSF文学に不可欠な価値相対化の視線が生きている。

最後に乾隆帝の清国に飛んだ浅之進は皇帝の宮殿に侵入、後宮の美女たちと毎晩歓を尽くしていた。しかしやがて発見され、捕えられてしまう。

皇帝に謁見し、これまでのいきさつを包み隠さず語ったところ大いに興味をもたれ、御馳走でもてなしながら話を聞いてくれた。日本に富士山という清国にもない高い山があると話したら、この大清国が日本に一つでも負けているところがあるのは悔しい。同じものをわが地にも築きたいという。浅之進が富士山の形をはっきりとは覚えていないので、一度日本に帰って確認したいと申し出ると、それならと山体をかたどる紙や糊を満載した大船団を派遣することを許された。浅之進は船団を率いて一路日本を目指す。

**風刺ファンタジーの快作**

これを見て怒ったのが日本の神々だった。富士山は元来日本の神の山。その模造品を造ろうなどとは不届き千万と、雲を呼び、風を吹かし、雨を降らせて、大嵐を起こしたため船団はあえなく遭難。しかし浅之進の乗った船だけは難を逃れ、ある島に漂着した。

そこは女しかいない女護島国だった。男ひでりのこの島に男の一団が現れたというので国中大騒ぎ。混乱を恐れた国王（これももちろん女）は浅之進たちを王宮に連れ去った。久しぶりの男を取り上げられた女たちは、怒り狂って王宮に押し掛けた。困った国王に、浅之進は女郎ならぬ「野郎」部屋を設けるよう提案した。そこで性を売って楽しく遊び暮らすが、やがて飽きてきた。するとそこへまた、風来仙人が忽然と現れた。

仙人は浅之進にこれまでの修行の意味を説き、今の日本は腐れ儒者のような似非インテリがはびこり、僧侶・仏教は腐敗し切っている。これからはお前が世界中を旅した見聞と体験を庶民に聞かせて啓蒙せよ、と言い残し、陽物の形をした木細工を渡した。飛び去る仙人の杖にすがったかと思った瞬間、浅之進は浅草の境内で、葦簀《よしず》を張った床の上に座っていた。

己の使命を自覚した浅之進は、志道軒を名乗り、仙人のおしえを実践すべく辻講釈を始める、というお話である。
外国など誰も行ったことのない鎖国時代。異国にはどんな変わった人間が住み、変わった習俗をもっているのか。人々は興味津々だったに違いない。そんな時代に書かれた世界漫遊記は、半分本気で受け取られたところもあっただろう。
本作の特徴はなんといってもその鋭い風刺性にあるだろう。たとえば前出の仏法批判に続けて、当時のインテリたる儒者批判――。

唐の反古にしばられて、我が身が我が自由にならぬ具足の虫干見るごとく、四角八面に食いしばつても、ない知恵は出ざれば、かえつて世間並みの者にもおとれり。これを名づけて腐儒《くされがくしや》といひ、またへつぴり儒者ともいふ。

また、学者批判も――。

経済の道は風俗を正し、足らざるを補《おぎなひ》しげきをはぶく事、時に随ひ変に応ず。

……然るに近世の先生達、畑で水練を習ふ様な経済の書を作（り）て、俗人を驚（かす）こと、かたはら痛き事なり。

さらに医者批判――。

又おそろしき国あり。其名を愚医国《ぐい》といひ、又藪医国《やぶい》ともいふ。此国の人皆頭を丸め、折に惣髪なるもあり。学問を表にかざり、人の病を直す事を業とすれども、近年甚下こん（根）になり、書物を見れば目の先くらみ、尻の下より火焔もえ出、暫時も学問する事ならず。只世間功者にとばかり心懸、軽薄を常とし、てれん・ついしやうの妙術をきはめ、羽織は小袖より長く……。

本作を西洋文学史と関連付ければ、スウィフトの『ガリヴァー旅行記』の系譜に連なる風刺ファンタジーの快作と位置付けることができるだろう。かの風刺文学の大傑作も、奇想天外な冒険旅行を通して当時のイギリスの政治・宗教・社会を鋭く風刺したものだった。では、両者にはなんらかの影響関係があるのだろうか。

『ガリヴァー旅行記』の刊行年は一七二六年、本作の発表は一七六三年。両者の間には三七年の隔たりがある。その間に蘭書を通じて情報がもたらされ、源内がそれを知った可能性はゼロではないかもしれない。しかし研究者によれば、目下のところ影響関係の確実な証拠は存在しないという。むしろ『和漢三才図会』などに見られるような中国伝来の知識の影響が強いのではないかと指摘されている。

『ガリヴァー旅行記』にはSFの先駆けとの評価があるが、本作も日本におけるSF小説の源流の一つと見る意見がある。古典SF研究家でナンセンスSFの大家横田《よこた》順彌《じゅんや》氏は、これを筒井康隆や自身のナンセンスSFにつながる「おもしろSF」のルーツとして論じている（横田順彌「極私的『風流志道軒伝』SF!?観」）。

SFはもともと反近代小説、あるいは超近代小説を標榜、リアリズムより物語性を重視し、ユーモアや洒落、言葉遊びなどの中に批判や風刺を押し出すという特徴を持つ。横田氏がおのれのギャグSFと、源内の戯作との類縁性を感じたのは不思議ではないだろう。

『風流志道軒伝』の初版は一七六三年（宝暦一三年）、五巻五冊本として、貸本屋岡本利兵衛から刊行された。利兵衛は源内の同町内で、そのよしみで執筆を依頼したのだった。序文は友人の南条山人こと川名林助が、独鈷山人の名で寄せた。

当時、狂歌、戯作など新しい文学の誕生を支えたのは、江戸で興隆した書物問屋や地本問屋などの書店だった。これらの書店は版元も兼ね、前者は学問書など硬派の本、後者は大衆向け作品を主に出版していた。元禄の頃から始まった貸本屋も、岡本利兵衛のように財を蓄え、かたわら出版を手がけ、ともにその隆盛を支えたのだった。

## 根南志具佐

源内が『風流志道軒伝』とほぼ同時期に、天竺浪人名義で発表した戯作が『根南志具佐』前編である。この作品の元ネタは同年、隅田川で舟遊びをしていた人気女形の二代目荻野《おぎの》八重桐《やえぎり》が、中州でシジミを採っていた最中に、深みにはまって溺死したという事件だった。人気女形の謎の水死は、江戸中を騒がせるスキャンダルになった……。

これを当時、大人気の若女形瀬川菊之丞《せがわきくのじょう》にからめて、戯作に仕立てあげたのが源内の趣向だった。

菊之丞は美貌で美声、華やかな芸風で絶大な人気を誇っていた。別名王子路考《おうじろこう》。その人気ぶりは、路考茶、路考結《むすび》、路考髷《まげ》、路考櫛《くし》など、彼の名を冠した幾多の流行を引き起こしたこと、人気絵師鈴木春信が惚れ込んで、当代を代表する美少女笠森お仙、柳屋お藤とともに、江戸三美人図の一人に描いたことからもわかるだろう。

源内はこれを贔屓にしたため、その愛人と噂された。そこから、この戯作全体が菊之丞に捧げられた男性同性愛テーマの小説とも解されている。

一人の罪人が地獄の閻魔《えんま》大王のもとにやって来た。見れば二〇歳ばかりのまだ若い僧。大王が何の罪かと問うと、閻魔王庁の役人が答えて、この坊主は江戸の学徒僧で、若女形瀬川菊之丞の美しさに魅せられ、これに貢ぐため悪事を犯したとのこと。師の僧の財産をかすめとり、錦《にしき》の戸帳《とちょう》(高価な錦で織った垂れ布)を古道具屋に売り飛ばし、行基作の弥陀如来を質屋に入れてしまい、これが露見して、座敷牢に押し込められた。その後、病死したが、菊之丞の面影を忘れられず、鳥居清信《とりいきよのぶ》が描いたその絵姿を地獄まで持ってきたのだという。

ここで描かれる地獄の有様がとんでもない。

たとえば、世の中に罪人が増えて、次々に地獄に送られてくるので、地獄の土地が足りなくなって閻魔大王が困っている。そこに付け込んで山師が跳梁跋扈、賄賂を使って、賽の河原の隅々まで切り拓いている。バブル時代の日本を思わせる不動産開発ブームというわけだが、まさに「地獄の沙汰も金次第」。

血の池を拡張し、血が足りなくなれば水に蘇芳《すおう》（蘇芳の木を煮出した染料。くすんだ赤色を出す）で色をつけ、剣をはやした剣の山を築き、獄卒どもの手が足りないので、罪人を叩く臼を水車で自動化、焦熱地獄はふいごで熱を送るといった具合。ここまで来れば、からくり作りの地獄アミューズメントパークといった様相すら呈してくる。ちょっと覗いてみたいくらいのものだ。

もちろんこの「トンデモ」地獄風景は、田沼意次の新田開発を地獄に移して世相風刺しているのである。それにしても、田沼と源内とは因縁浅からぬ仲。陰ながら恩義も受けている。その恩人の政策を、しかも自分もその一翼を担っている政策をカリカチュアして、痛烈にこき下ろすところがいかにも彼らしい。

この堕落した地獄、その主たる閻魔大王にしてからがだらしない。坊主が持参した菊之丞の絵姿を見るや、たちまち一目惚れ。本来、男色を戒める立場にありながら、自ら男色家にあっさり鞍替えしてしまう。こうなると威厳も何もあったものではない。

なんとしても思い人と情を交わしたいと、大王は菊之丞を地獄に連れてくるよう部下たちに命じる。役目を負わされた竜王は、家来の河童にその任務を言いつける。河童は若侍に変じて隅田川で舟遊び中の菊之丞に近づくが、この河童もそのあまりの美形ぶりに心を奪われ、情を通じてしまう。あげく、己の秘密の任務を打ち明け、使命を果たせなくなったからには、自分は閻魔大王への申し開きに、地獄に帰って死ぬと告げる。

いや、お前を死なすわけにはいかないから、自分が閻魔大王のもとに行くという菊之丞と、それを押しとどめようとする若侍。二人のやり取りを聞いていたのが、やはり人気女形の二代目荻野八重桐。先代菊之丞には、親代わりとして、芸事の師匠として大恩ある身。その恩に報いるのはこの時ぞと、菊之丞の身代わりに入水して果てる。と同時に若侍の姿も消えた。これが八重桐溺死の真相というわけである。

たわいないといえばたわいない話だが、『風流志道軒伝』同様、当時の世相に対する辛辣な風刺が随所に溢れ、奇抜な着想、天衣無縫な表現と相まって、桂米朝師の持ちネタ「地獄八景亡者戯《ばっけいもうじゃのたわむれ》」を思わせる地獄めぐりの快作となっている。時に笑いや風刺を超えて、単なる罵詈雑言に堕しているところもあるが、それもまた源内らしいと言えよう。

源内は上記二作によって戯作の成立に重要な役割を果たしたが、文学史的には談義本と滑稽本との橋渡しを担ったと考えられている。談義本とは、江戸時代中期に流行った戯作の先駆的作品である。もともと仏教の教義をおもしろく平易に説き聞かせる僧を談義僧といったが、その口調をまねて、風刺のうちに庶民教化をねらったのが談義本である。

談義本流行のきっかけとなったのは、源内が最初の長崎遊学に出た宝暦二年刊の静観房好阿作『当世下手談義《いまようへただんぎ》』である。江戸の風俗を取り入れて、滑稽を前面に押し出したこの作品が評判となり、以後、明和から安永にかけて同種の作品が次々刊行された。

源内の代表作である『根南志具佐』や『風流志道軒伝』はこの手の談義本に倣いながら、教訓よりは、痛烈な風刺を押し出したところが新しかった。しかも談義本の批判が、古風で堅苦しい道徳から発していたのに対し、源内の場合は、宗教や道徳をも相対化する自由奔放な皮肉や風刺が特徴だった。

また、談義本は巻ごとに異なる話、教訓を持ち出すため、まとまった話になりにくい。これに対して源内の場合は一貫した筋立ての下、物語としてのおもしろさを追求していた。これにより談義本の流れを変え、滑稽だけを描く式亭三馬や十返舎一九の滑稽本の先駆けにもなったといわれる。

文学的特質から見れば本作の最大の持ち味は、『風流志道軒伝』と同様、後世、「平賀ばり」と評せられた独特の文章にあるだろう。たとえば『根南志具佐』前編

巻四の冒頭部分、

行川の流はたへずして、しかももとの水にあらずと、鴨の長明が筆のすさみ、硯の海のふかきに残るすみだ川の流、清らにして、武蔵と下総のさかひなればとて、両国橋の名も高く、いざこと問はむと詠じたる都鳥に引かへ、すれ違ふ舟の行方は秋の木の葉の散浮《ちりうかぶ》がごとく、長橋の浪に伏《ふす》は竜の昼寝をするに似たり。……

城福勇氏によれば、平賀ばりとは――

観察の細かさ・確かさ、たくみな古典摂取、対句風の簡潔な表現など清新にして潑溂、しかもある場合は浄瑠璃がかり・歌舞伎調などまことに変幻自在……。
（城福勇『平賀源内』）

また芳賀徹氏は、そのテンポに注目して、

全体をつらぬいて、一所に停滞することを拒んでアレグロに、プレストに、走り流れてゆく軽妙痛快なテンポ、微笑とアイロニーの混淆の文体――それこそがやがて世に「平賀ぶり」と称される、敢えていえば日本十八世紀のロココの文体だったのである。（芳賀徹『平賀源内』）

国文学者武藤元昭氏は、そこには源内の性格や生き方のスタイルがそのまま反映されており、その生き生きとした文体は、「風来山人すなわち平賀源内が高潮した気分で江戸に出て来て、思いのままに江戸の活気を写し取った文章を指しての謂であった」（「平賀源内――「平賀ぶり」の文体」）と述べている。

つまり、「平賀ぶり」の特徴とは、活気あふれる江戸庶民の生活を活写する言語遊戯をはらんで、流麗、繊細な畳みかけるような修辞にあった。言い換えれば、源内の文体の持ち味は修辞を重ねる華麗な足し算のスタイルにあった。逆に引き算で削り落としていく短詩形の文学には不向きだったと言えるだろう。そこが南畝らに源内の俳句が低評価された所以だが、長編の戯作では彼の持ち味が存分に発揮されたのだった。

『根南志具佐』は奇想天外な筋立と相まって、三千部という当時としては破格のベストセラーとなった。その頃の本は貴重品で、回し読みが多かったので、実際に読まれた数はその何倍にものぼっただろう。この好評に応えて、六年後には『根無草後編』も刊行された。

源内の戯作スタイルが後世の文芸に与えた影響は大きかった。滑稽本の大家式亭三馬は源内の作風に私淑し、その継承者を自任した。彼の代表作『浮世床』も源内の存在なしには考えられなかっただろう。その影響は三馬と双璧をなす『東海道中膝栗毛』の十返舎一九にも及んでいる。こうした事実をもって源内を戯作の開祖とする評価もある。

神霊矢口渡

源内の文芸家としての活動分野は幅広く、福内鬼外の名では浄瑠璃も書いた。浄瑠璃とはいわゆる語り物の一種で、三味線などを伴奏に物語を語る芸能である。節回しによって、義太夫、常磐津《ときわづ》、富本《とみもと》、清元《きよもと》などの種類がある。室町時代に、牛若丸と浄瑠璃姫のロマンスを題材にした「浄瑠璃物語」が評判を取ったため、この種の語り物を〈浄瑠璃〉と総称するようになった。

もともとは琵琶や扇拍子を伴奏にしていたが、その後三味線が使われるようになり、人形劇と結びついて人形浄瑠璃となった。一七世紀末、大坂の浄瑠璃語り竹本義太夫に近松門左衛門らが協力して義太夫節が成立し、太夫、三味線、人形遣いの三位一体による総合芸術として、文学的にも音楽的にも飛躍的発展を遂げた。

江戸時代中期には、常磐津、富本、清元などが成立して、歌舞伎の所作事（歌舞伎の舞踊または舞踊劇の別称）にも使われるようになった。

同じく江戸時代に発展した歌舞伎とは互いに刺激し合う関係にあり、浄瑠璃が歌舞伎狂言化されることも、その逆もあった。今で言えば舞台の演目が映画化されたり、映画作品がテレビドラマ化されたりするようなものである。

現在残されている源内の浄瑠璃は九編。このうち、代表作とされるのは『太平記』を元に、新田義貞遺族の事跡を脚色した『神霊矢口渡』である。

六郷川（多摩川の下流）の渡しを舞台とするこの愛憎劇は、明和七年（一七七〇年）に初演され、江戸浄瑠璃の傑作として今も度々上演されている。全五段で構成されているが、中でも人気があるのが、矢口渡（現東京都大田区矢口）に伝わる新田明神の縁起を描いた四段目「頓兵衛住家の場」である。

時は南北朝時代。新田義貞の子義興が奸臣《かんしん》の裏切りで滅んだあとのことである。義興の弟義岑《よしみね》は落武者となり、愛人の傾城《けいせい》うてなを連れて矢口渡の渡し守頓兵衛の家に宿を求めた。

実は頓兵衛はかつて兄義興を謀殺し、過分の報奨を得た仇だったが、義岑はその事実を知る由もなかった。

落武者が義興の弟だと知った頓兵衛は、今度も討ち取って賞金を得ようと仲間をかたらって襲撃してくる。しかし頓兵衛の娘お舟が父を裏切って二人を逃がしてしまう。お舟は義岑を一目見て恋に落ちたのだった。そして愛する者の身替りに、刃にかかって果てた。

執念深く舟で二人を追う頓兵衛。その時、義興の亡霊が現れて新田一族の神矢「水破兵破の矢」で頓兵衛と仲間ののど笛を射抜き、ともに絶命。義岑とうてなは無事逃れることができた。

恋と孝との板挟みになるお舟の可憐さ、傷を負いながら、愛しい義岑の危機を救おうと必死に太鼓をたたきつつ、刃にかかる姿は感動を呼ぶ。さらに瀕死の娘の諫言にも耳を貸さぬ頓兵衛の強欲さなど見どころは多い。悪役の描写も秀逸である。

そこへ行て逢べいと、ゆるぎ出たる主の頓兵衛。雪を欺く白髪に朱をそゝいだるしかみ面。強欲無道の眼ざし。八反掛の大広袖紙子仕立の伊達羽織。どつかと座して。……

詞章にも源内ばりの文句がちりばめられていた。

この源内の記念すべき浄瑠璃第一作は明和六年末頃までに書かれ、翌年の正月に江戸で上演された。

前述のように浄瑠璃は義太夫節の始祖竹本義太夫や、『曾根崎心中』の近松門左衛門が京坂地方で盛り立てたため、もともと詞章には上方弁が使われていた。源内はこれに大胆に江戸弁を採り入れ、舞台も江戸や江戸近郊に求め、江戸者に受け容れられるようアレンジした。こうした工夫により江戸庶民の支持を得て大ヒットしたのである。この後、歌舞伎狂言化され、現代まで続く当たり狂言となっている。

ところで、クライマックスの神矢には、アイデアマン源内らしいエピソードが残されている。それは正月の縁起物「破魔矢」の誕生物語である。

あるとき源内は多摩川の矢口渡にある新田神社を訪れた。この神社は矢口渡で謀殺された新田義興を祀って建てられたものだった。

この折、源内がその宮司から聞かされたのは、御祭神の後の塚に生える珍しい竹の話だった。それは源氏の白旗を立てたものが根付いた「旗竹」という篠竹で、決して神域の外にはみだして生えず、しかも雷が鳴るとピチピチと割れるという。

これを聞いて源内は閃いた。この不思議な竹と五色の和紙で厄除け開運、邪気退散の破魔矢「矢守」を作って境内で売ったら、人気になるのではないか。宮司に提言すると、たちまち賛同を得た。これが破魔矢の起源になったというのである。

この後、源内は神社の縁起に題材を採った『神霊矢口渡』を書いたというわけである。

戯作ではほかに、放屁を見世物にして人気の芸人を題材にした『放屁論』本編を安永三年（一七七四年）、エレキテルを発明した浪人貧家銭内が身分制社会を痛烈に批判する後編をその三年後に書き、他の戯作四編と合わせて《風来六部集》として刊行した。

これに収録された『天狗《てんぐ》髑髏《しやれこうべ》鑒定《めきき》縁起《えんぎ》』も、源内らしい一作である。成立のきっかけは、弟子の大場豊水が川で拾ったという異物を持ち込んで、鑑定を依頼したことにあった。後述するように豊水は絵心があり、源内の絵暦の制作にも協力した才人である。

明和七年（一七七〇年）、天狗の夢を見た翌朝、豊水は愛宕神社の縁日に出かけた。その帰り、川の中で異物を見つけ、拾い上げて洗ってみると不思議なものが現れた。道行く人は天狗の髑髏だ、天狗だと口々に言うが、どうもわからないので、鑑定をお願いしたいという。

源内はその異物を居合わせた弟子たちに示して意見を求めた。すると、ある者は大鳥の頭だといい、またある者は大魚の頭骨だと言い、一向に定まらない。そこで源内先生おもむろに、「これは天狗の髑髏である」と断じて、弟子どもをびっくりさせる。弟子たちは、天狗とは魑魅《ちみ》魍魎《もうりょう》を指す言葉で定まった形はない。今ある天狗の図は皆、絵師の想像の産物で、実際にそんな姿の者はいないと反論する。これを意に介せず持論を展開する源内。さてその主張は？

まずは本草学の知識を駆使して、お得意の医者・儒者批判を並べ、最後に、天地は広大で、万物は際限ない。一人の目ではとても極められないので、絵に描かれた天狗が現れないとも限らない。現れても現れなくても困ることはない。すべては造化の神の気持ち次第。どうして天狗が死んだのかと尋ねる人があれば、高慢な天狗の悪さに怒って天狗の親玉が首をねじ切って捨てたのを、豊水がたまたま見つけたのだと言えばよい。

これは他人事ではなく、誰でも高慢が過ぎれば、天然自然の理に頭を抑えられる。皆、よく慎むようにと諭す。そして、しゃれこうべだけに、天狗としゃれて骸骨をめきさしてやるのが通りもの（通人）というものと、句を添えてお開きとするという話。

天狗さへ野夫《やぼ》ではないとしやれからうべ極《きわ》めてやるが通りものなり

これもまた野暮を嫌い、通人を自任する風来山人らしい一作である。

風来山人の筆名では春本も残した。前出『長枕褥合戦』や『痿陰隠逸伝《なえまらいんいつでん》』などは、後世、好色文学中の傑作と評価された。

源内の乱舞する筆は戯作や浄瑠璃にとどまらなかった。

## 日本最初のコピーライター

源内は俳句や戯作で鍛えた文才を活かして、日本最初のコピーライターにもなった。

きっかけは、明和六年（一七六九年）、知人のえびすや兵助に、歯磨き粉「嗽石香」の引き札（広告チラシ）作りを依頼されたことだった。『風流志道軒伝』と『根南志具佐』のベストセラー作家は、「よし、一肌脱ごう」とばかりこの願いをあっさり引き受けた。そしてひねり出した文句が――。

はこいり はみがき 嗽石香 はをしろくし口中 あしき匂ひをさる

二十袋分入 一箱代七十二文 つめかへ四十八文

口上

トウザイ〱、抑私住所の儀、八方は八ツ棟作り四方に四面の蔵を建んと存立たる甲斐もなく、段々の不仕合商《あきない》の損相つゞき、渋団扇にあふぎたてられ、跡へも先へも参りがたし。

むずかしい言葉ではないが、一応現代語訳すれば、

「嗽石香は箱入りの歯磨きで、歯を白くして、口臭を取る効能がある。値段は一箱二十袋入りで七二文、詰め替えなら四八文。自分は商売で儲けて、蔵をたくさん建てようと思ったが、うまくいかず、損ばかりして、なかなか立ち行かない」と……。続けて、

ありやうは銭がほしさのまゝ早々売出申候。御つかひ被遊候て、万一不宜候はゞ、だいなし御打やり被遊候ても、高のしれたる御損、私方は塵つもつて山とやらにて大いに為に相成候。

そこでお金ほしさに売り出したもの。万一、使い心地が悪ければ捨ててしまって

も、大した損にはならない。こちらは塵も積もれば山で、大いに助かる。
皆様御贔屓《ひいき》御取立にて段々繁昌仕、表店へ罷出、金看板を輝かせ、今の難儀を昔語と御引立のほど、隅からすみまでづらりつと奉希上候。其為の御断左様に、
クハチクハチ〳〵〳〵

というわけで、皆様にはぜひご贔屓いただいて、商売繁盛し、表通りに大きな店を出して、今の苦労が昔話になるよう、よろしくお引き立てください、カチカチカチ……（拍子木）といったところ。

ただ、買ってくれではない。商売の窮状をわざとさらけ出し、そこからの脱出にお力添えいただきたいと、情に訴えかける仕掛けに、源内の才気が感じられる。源内はこの引き札とあわせて、同年には「嗽石香」のＣＭソングの作詞作曲も手がけた。これは日本最初のＣＭソングとされているが、ただし歌詞は残されていない。

歌詞不明でもやもやするという向きは、こんなＣＤを聴いてみるのはどうだろう

か。管楽器集団「侍BRASS」が往年のCMソングをアレンジして演奏した「漱石膏」（アルバム『風来山人』収録）である。取り上げられているのは「ダバダー」「ダバダー」のネスカフェ・ゴールドブレンド、「チョコレートは明治」、「明るいナショナル」、「お正月を写そう」など、往年のヒットCMソングばかり。懐かしいフレーズを聴きながら、幻の源内CMソングのファンタジーに浸るのも楽しいのではないか。

ところで、広告や宣伝の分野でよく出てくるコピーライターとは何か。これは簡単に言えば、商品や企業の宣伝のため、広告の文言を書く人のことである。

広告を載せる媒体は新聞、雑誌、ポスター、チラシなどの紙媒体、テレビやラジオのCMなどの電波媒体、ウェブサイトやバナー広告などのネット媒体と、メディアの発達に合わせて多様である。

コピーライターの歴史は一九世紀アメリカに始まるとされているが、二〇世紀に入ると、広告・宣伝媒体の発展とともに彼らの活躍の場も増えていった。

前出のように日本では江戸時代にすでに引き札の興隆があり、人気作家によるコピーが掲載されていた。日本最初の引き札は天和三年（一六八三年）、日本橋越後屋呉服店（現三越百貨店）が開店の際に配ったものだとされている。越後屋が始めた新商法「現金安売り掛け値なし」のキャッチフレーズも書かれていた。

日本でコピーライターが注目されたきっかけは、戦後、サントリー宣伝部に集結した開高健、山口瞳などの才能が、「トリスを飲んでＨａｗａｉｉへ行こう！」や「「人間」らしくやりたいナ」などの名コピーを生んだことだった。

一九七〇年代になると、「おいしい生活」「不思議、大好き。」の糸井重里、「おしりだって、洗ってほしい。」「みんな悩んで大きくなった」の仲畑貴志などがもてはやされ、時代の最先端を行く職業として脚光を浴びるようになった。

源内が最初のコピーライターと呼ばれる所以は、嗽石香のコピーだけではない。今も残る有名なキャッチコピーを考えたと言われるからである。それは夏になると鰻屋《うなぎや》の店先に張られる「本日丑の日」のコピーである。

## 本日丑の日

「夏場がとくにいけねえんで。先生、なにか秘策はござんせんか？」

ある時、商売が不調な知り合いの鰻屋がこんな相談を持ちかけてきた。

すると源内は、「本日丑の日」と書いて店先に張ることを勧めた。丑の日に「う」のつくもの、すなわち鰻を食べると夏バテしないという民間伝承に従ったものだった。

このキャッチコピーを張り出すと、あの源内先生のご託宣ならと客が殺到、おかげで鰻屋は大繁盛。その後、他の鰻屋も真似るようになり、土用の丑の日に鰻を食べる風習が定着したというわけである。

ところで土用とは土旺用事の略。中国の自然哲学思想である陰陽五行説では、万物は火、水、木、金、土の五種類の元素からなると説く。これに従って季節も冬が水、春が木、夏が火、秋が金と割り振られている。

しかしこれだと土が落ちてしまうので、各季節の終わりの一八日間に土を充てた。

つまり立春、立夏、立秋、立冬前の一八日間が土用になる。ただし現在は土用と呼ばれているのは一般に夏土用に限られる。

土用の丑の日に鰻を食べるという風習自体、源内が発祥との説もあるが、これには異説もある。それによれば発祥はもっと古く、万葉歌人の大伴家持に遡るというのである。その根拠は家持の次の歌。

石麻呂に　われ物申す　夏痩に　良しといふ物ぞ　武奈伎《むなぎ》取り食《め》せ

むなぎはうなぎの古称である。なるほど夏バテに鰻を食べる効用の勧めという点では、家持のほうが古いかもしれない。また、その効用自体は当時から知られていたのだろう。ただ、私たちの間に土用の丑の日に鰻を食べる習慣を根付かせ、鰻屋さんの商売が立ち行くようにさせたのは源内だと言って間違いない。

一連の充実したコピーライティング。それに対して報酬を受け取ったことで、元祖コピーライターとの評価は決して大げさではないだろう。安永四年（一七七五年）

には、音羽屋多吉の「きよみづもち」の広告コピーも手がけた。きよみづもちは、京都清水名産の餅である。

源内の死から三年後に大田南畝がまとめた源内の口上集『飛花落葉』によれば、その文言は――。

世上の下戸様方へ申上候。

そも我が朝の風俗《ならわし》にて、目出たき事にもちひの鏡、子もち金もち屋敷もち、道具に長もち魚に石もち、廓《くるわ》に座もち牽頭《たいこ》もち、家持《やかもち》は歌に名高く、惟茂《これもち》武勇かくれなし。かゝるめでたき餅ゆへに、此度おもひつきたての、器物もさつぱり清水餅、味は勿論よひ〳〵と、御贔屓御評判の御取もちにて、私身代もち直し、よろしき気もち心もち、嗅《か》もやきもち打忘れ、尻もちついて嬉しがるやう、重箱のすみから隅まで、木に餅のなる御評判奉願候以上

「道具に長もち魚に石もち、廓に座もち牽頭もち」とか、「嗅もやきもち打忘れ、

尻もちついて嬉しがる」とか、源内先生のコピーは鮮やかに韻を踏んで、絶好調。これはラッパーの走りではないかという評すらある。

文章の「起承転結」を説明する際によく使われる「京都三条糸屋の娘　姉は十八　妹は十五　諸国大名弓矢で殺す　糸屋の娘は目で殺す」の作者だとの説もある。しかし、これについては漢学者頼山陽が作者だとする説など、異説も多い。

戯作者として成功したとはいえ、源内にとって本業はあくまでも本草学。持ち前の器用さを発揮して次々に快作・ヒット作を生み出したとはいえ、しょせん文芸は余技であり、菅原櫛や金唐革紙同様「露命をつなぐ営み」、要は不本意な金稼ぎの仕事に過ぎなかった。

それでも『風流志道軒伝』と『根南志具佐』で当たりをとったことで、源内先生の評判は一気に上がり、一躍、江戸の人気者にのしあがったのだった。

# 第八章　日本最初の西洋画

## 西洋婦人図

源内は美術においても時代に先んじていた。それは日本最初の西洋画の制作である。

前述のように源内は長崎遊学を通して中国南蘋派の画家楠本雪渓（宋紫石）と親しくなった。南蘋派とは、享保一六年（一七三一年）に清国から渡来した画家、沈《しん》南蘋《なんぴん》によって伝えられた画風である。その特徴は緻密な写生と鮮やかな彩色にあった。

約二年間の長崎滞在中に南蘋は、中国語の通訳だった熊代熊斐《くましろゆうひ》に画法を授けた。この熊斐の門人のひとりが楠本雪渓だったのである。雪渓は熊斐のほか、清人画家宋紫岩にも教えを受けたのでその名に因んで宋紫石とも名乗った。彼が江戸で南蘋の技法を広めたおかげで、やがてその画風は全国に広まっていった。

源内が南蘋派に魅かれたのは、長崎で入手した動物図譜や植物図譜を通して写実の重要性に気づいたからだった。

写実とは何か。一言で言えば、見たものをありのままに写すことである。

ルネサンス以降、自分とそれを取り巻く世界をありのままに把握したいという欲望が西欧世界を支配した。デカルトは客体化された世界を合理的に分析することで、それに接近しようとした。そこから実証的な近代科学への道が拓かれた。

絵画においても写実への欲望が急速に高まっていった。それを象徴的に表すのが幾何学遠近法の成立である。古来、絵画は神の視点や王（権力者）の視点から描かれるのが通例だった。しかしルネサンス以降、世界を正しく把握しうるのは、神の目でも王の目でもない。人間の目による写実を通してこそ、その真の姿は開かれるという認識が支配的になった。これは、商人や市民が力をつけ、王の権力と拮抗するようになったことと無縁ではない。

同じ頃、日本でも江戸の経済的発展により、江戸市民としての自意識が芽生え、町人文化の花が開き始める。そこに流れ込んできたのが、写実性と立体性を備えた洋風画だった。動植物図鑑、天文図、地図、解剖図などのリアルな絵に、源内は浮世絵にはない写実を見出した。

源内が写実を求めたのは、本草学の図譜にはできるだけ本物に近い精緻な描写が求められるからである。対象となる生物や物品を正しく分類するためには、微細な違いが正確に区別されなければならない。彼が『物類品隲』の絵を雪渓に依頼したのも、新しい図鑑にはこれまでにない写実が必要だと感じたからだろう。

しかし西洋絵画に接するうち、写実という点では南蘋派でさえ及ばないと悟った。そこで雪渓とともに西洋画の技法の探究に打ち込むことにしたのだった。

この際手本となったのは、オランダ書の図版や挿絵だった。その表現を研究することで遠近法や陰影法などの技法を学んでいったのである。

その研鑽の成果が「西洋婦人図」である。この絵は源内作が確実とされる唯一の西洋画で、日本最初の西洋画とされている。参考にした原画も、モデルもよくわかっていないが、オランダ人が持参した西洋画を模写したものだと考えられている。描かれた婦人は衣装こそ洋装だが、顔は仏像を思わせる東洋風なところがかえっておもしろい。

とはいえ、記念すべき西洋画第一号も、美術史家による作品自体への評価は厳しい。技巧が稚拙で、技法的にも不徹底だというのである。この点はいくら鼻っ柱の強い源内でも認めざるをえないだろう。もっとも、独学による初の試みにしてはそれほど悪くないという擁護の評もあるが。

源内と美術の関係でもう一つ興味深いのが、絵暦《えごよみ》交換会である。

絵暦とは江戸時代に流行した絵入りの暦で、毎年春に発行する太陰暦の暦のうち、毎年変わる月の大（三〇日）小（二九日）を示すため、一枚の版画に仕立てたものである。

流行のきっかけは明和二年（一七六五年）新春、狂歌師たちが大小絵暦の摺物交換会を開催したことだった。翌年にかけ、文人や好事家たちは自ら趣向を凝らした意匠を描き、またはお気に入りの絵師に描かせ、技巧のかぎりを尽くした作品を競い合った。

もともと絵心があった源内も、同じ神田白壁町に住む絵師鈴木春信とともに絵暦交換会を催した。春信は美少女たちを描いた当代の人気浮世絵師で、多色摺木版画の錦絵を始め、浮世絵版画技法上に画期的な貢献をした。源内とは、森島中良が「風来先生と同所にて常に往来す」と記しているように、互いに気心を通わす仲だった。

中良によれば、源内の趣向は、当時の当たり狂言だった曾我五郎・十郎兄弟の仇討を描いたものだった。「曾我兄弟の仇討」と言っても、現代人にはなじみが薄いかもしれないが、これは鎌倉初期、頼朝につかえた豪族工藤祐経《すけつね》に父を殺された曾我祐成《すけなり》（十郎）・時致《ときむね》（五郎）の兄弟が、富士の裾野の狩り場で、父の仇を討ったものので、赤穂浪士の「忠臣蔵」、荒木又右衛門の「鍵屋の辻の決闘」とともに、日本三大仇討に数えられている。鎌倉時代から江戸時代にかけては謡曲や歌舞伎、昭和時代には映画に取り上げられるなど、よく知られた題材だった。

源内はその馴染みの題材を使って、円窓の真中に沢村宗十郎の奴姿《やつこすがた》の鬼王（曾我兄弟の従者)、左に松本幸四郎の羽織姿の工藤祐経、右に市川雷蔵の曾我五郎時致という人気役者を競演させた。画家は前出の大場豊水。役者似顔画というジャンルがまだない頃だったので、大評判をとったという。

この交換会は浮世絵史においても一大転期となった。絵暦がすたれてからも絵の部分だけが独自に発展して、錦絵と呼ばれる多色摺木版画となり、のちの浮世絵につながっていったからである。春信にとっても、古典的主題を当世風俗に投影するいわゆる見立絵の制作を通して、自己の画風を確立する契機となった。

源内の「西洋婦人図」にもどれば、源内の真価は作品自体の質より、むしろ彼が示した理論や技法にあった。それを評価するためには、彼の弟子に当たる司馬江漢について少し触れなくてはいけないだろう。

## 写実ということ

司馬江漢、本名安藤吉次郎は、延享四年（一七四七年）江戸四谷に生まれた。幼い頃から絵が得意だった江漢は狩野派に学んだのち、鈴木春信に傾倒し、一時期春重の名で絵師として活動した。

その後源内と出会い、『物類品隲』の宋紫石のリアリズムに魅かれて弟子入り、南蘋派の画法を吸収した。その後源内の弟子小田野直武から洋風画の技法も学んだ。さらに、古くから塗料に使われていた荏胡麻《えごま》油を使って洋風画に挑み、遠近法や明暗法を駆使した独自の風景画を完成させた。日本初のエッチング（腐蝕銅版画）も成功させた。これらの試みは日本近代絵画の成立に大きな影響を与えたと評価されている。

師匠譲りで多才な江漢は源内から西洋の自然科学の知識を得ると、その啓蒙的紹介者となった。特に傾倒したのはコペルニクスの地動説だった。

彼が刊行した科学啓蒙書『和蘭天説』は、地動説の紹介書としては本木良永らに次いで早いものだった。その知識を基に、紀州のお殿様から庶民にまで、動いているのはあのお天道様ではなく、この地面だと触れ回って歩いた。また得意のエッチング技術を用いた日本初の銅版による世界地図『輿地全図』も完成させた。ほかにも西洋科学についての新説を数多く紹介している。

その江漢は、寛政一一年（一七九九年）に刊行した画論書『西洋画談』で、西洋の絵画についてこのように述べている。

西画はただ造化の意をとるのみ。（司馬江漢『西洋画談』）

彼国の画は写真にして……。（同）

画とはひたすら真を写すものである。銅版画と油彩の実践に基づいて、江漢はリアリズムこそが西洋画の真髄だと喝破したのである。これに先立つ佐竹曙山《しょざん》の『画法綱領』も写実性を強調している。彼らが源内の弟子であるところからも源内の画論が類推されるだろう。

洋風画によってあるがままの現実を表現したい。その追求が、南蘋画に始まり、秋田蘭画、司馬江漢の銅版画・油絵、さらに近代絵画の父高橋由一《ゆいち》の油絵と続く日本における西洋画の系譜となっていった。その源流に源内はいたのである。

画家たちの写実への思いは、解剖を通して人体の実相を見ようとした『解体新書』や、究理学（物理化学）によって世界の実相を知ろうとした志筑忠雄の『暦象新書』などとも重なっていたことは言うまでもない。つまり洋風画への憧憬は、西洋が切り拓いた自然の知識への憧憬と直結していたのである。

# 第九章　江戸の寵児

## 人気者

安永初年（一七七二年）、四十代半ばに達した頃の源内先生といえば、江戸でも一、二を争う切れ者の本草学者。西に東にと飛び回る凄腕の山師。次々にベストセラーを出す人気戯作者、最新の西洋絵画を伝える気鋭の絵師、陶器から羅紗までを扱う産業技術家と、ハードルの低くなった昨今のマルチタレントなど吹っ飛ぶような大活躍だった。

「近頃江戸に流行る者、猿之助、志道軒、源内先生」というわけである。

自他ともに認める天才で、自信家で、やけに鼻っ柱が強く、すぐに大風呂敷を広げる。『根南志具佐』、『風流志道軒伝』などの戯作では、聖職者、医者から学者、庶民の男女まで手当たり次第にこき下ろす。鼻持ちならない野郎のはずだが、その割に源内は人には嫌われなかった。人は刺したが、案外、人に刺されることはなかったのである。

むしろ反対に、若い頃からその才気煥発と洒脱な生き方を愛され、江戸にも郷里にも、源内ファングループとも呼ぶべき支援者集団が形成されていった。不思議な人徳というべきだろう。

学者、文人との交わりも多彩だった。杉田玄白のほか、中川淳庵、鈴木春信、小田野直武、司馬江漢、平秩東作、南条山人、大田南畝、千賀道隆・道有親子、さらには田沼意次まで。まさに華麗なる人脈である。彼らはこの鬼才が次になにをするか、その天衣無縫の先走りっぷりを、はらはら、わくわくしながら見守っていたのではあるまいか。

本草学者が突如、戯作者に転身した時も周囲からの批判は少なかったようだ。彼らはあきれるより、むしろまた源内が何かおもしろいことを始めたと興味津々だったのではないか。まさしく源内は田沼時代の文化的ヒーローだったのである。そこには、武家と町人があいまって沸騰した天明江戸文化の成熟も見られるだろう。

そんな源内の江戸での生活拠点は神田白壁町、現在の神田鍛冶町二丁目の長屋だった。いわゆる素浪人の長屋住まいである。彼が江戸入り以来、四年間暮らした湯島聖堂を出て、ここに居を構えたのは宝暦一一年（一七六一年）のことだった。同じ町内には師田村元雄も住み、前述のように鈴木春信や貸本屋岡本利兵衛もご近所だった。ここから秩父、秋田、長崎、志度へと東奔西走、戻ってくれば友人、知人を迎えて酒と文芸ざんまいの交わりを楽しんだというわけである。

白壁町暮らしは一三年に及んだが、その間に一時期、千賀道有宅に身を寄せていたこともあった。家賃滞納で追い出されたわけではない。安永元年（一七七二年）、長崎遊学の帰途、大坂滞在中に、江戸の三大大火の一つに数えられる明和の大火（目黒行人坂大火）で自宅が類焼してしまったからである。その後、安永三年には神田大和町に引っ越し、最後は神田橋本町に移って「非常」の最期を遂げることになる。

そんな源内の私生活で謎とされるのが、生涯妻《めと》を娶らなかったことである。当代一の文化人で、ロ八丁手八丁のやり手。後代に描かれた木村黙老の肖像画や、それを参考にしたと思われる中丸精十郎の肖像画などは美化されすぎているきらいはあるが、森島中良作とされる肖像画を見ても、顔だちは決して悪くない。とくれば、女性が放っておかないはずだが、なぜ独り身を貫いたのか。

森島中良作と伝わる源内の肖像（『先哲像伝』収録、国立国会図書館蔵）

　理由ははっきりしないが、一説には男色家、つまり女より男が好きだったからだという。生涯を通じて妻帯せず、女嫌いを公言し、人気女形の二代目瀬川菊之丞に入れあげたこと。水虎山人名義で『江戸男色細見菊の園』や『男色評判記 男色品定』といった男色の案内書を著したこと。これらがその証拠とされている。

　日本は古来男色が盛んだったが、それで春をひさぐ男娼があらわれたのは室町時代後半だったとされている。その風俗は江戸時代になってさらに発展、陰間《かげま》茶屋という男色の風俗店が流行るようになった。お相手を務めるのは陰間と呼ばれた歌舞伎の女形修業中の美少年。彼らが男性と性的関係を持つことは、女形修業の一環と考えられていた。

ただし女形の男娼は一部であり、たいていは男性の姿のままだったという。当初、この手の店は芝居小屋に併設されていたが、次第に独立して運営されるようになった。

古来、天才と呼ばれる人物には独身者が多かった。万能の天才レオナルド・ダ・ヴィンチを筆頭に、ミケランジェロ、ニュートン、ニコラ・テスラ、フンボルト、スタンダール、ブラームス、ニーチェ、カフカなど、人類史上に残る業績を挙げた独身者は数多知られている。彼らの中にもレオナルドをはじめ男色家と言われる者があり、その性的指向と創造性が結びつけられて論じられることがある。とはいえ、これ以上の詮索は本書の任ではないだろう。

## 解体新書

「ついに完成か。いや、なんにしてもめでたい」

安永三年（一七七四年）、源内の姿は江戸日本橋の杉田玄白宅にあった。ふたりの目の前にあるのは、玄白が前野良沢らとともに完成させた『解体新書』の訳稿である。源内は若き日、玄白とオランダ書の和解について何度も語り合ったことを思い出していた。自分が山師として日本中を飛び回っていた間、この畏友はオランダ通詞や商館医を通してこつこつとオランダ医学を学んでいた。そして四年前にドイツ人クルムスの解剖学書『ターヘル・アナトミア』を入手、前野良沢とともにその翻訳に精励した。そしてついに今日の大業を成し遂げたのである。

『解体新書』発刊の意義は改めて説明するまでもないだろう。

それまで医学の主流だった漢方は、実証的な医学としては大きな弱点を抱えていた。それは人体の構造を正確に把握していなかったことである。

陰陽五行説に基づく五臓六腑説に立つ漢方は、内臓の位置などに関して大きな誤解があった。だが解剖による直接観察を行わなかったため、訂正の機会がなかったのである。これに対して西洋医学は早くから解剖に基づく実証医学の道を歩んでいた。とりわけ、ルネサンス期の医師アンドレアス・ヴェサリウスは正確な人体解剖図を出版し、その後の医学の発展に大きな貢献をなした。

漢方の唱える人体の姿は果たして真実を写しているのか。これを疑って、日本で最初に解剖に挑んだのは京都の医師山脇東洋である。山脇は幕府の許可を得て宝暦四年（一七五四年）、京都の刑場で刑死者の解剖を行った。この成果をまとめて出版したのが、日本最初の解剖書『蔵志《ぞうし》』である。

その解剖図には誤りもあったが、西洋の医学書の正確さを証明して医師たちに大きな衝撃を与えた。これに対して佐野安貞ら漢方の医者たちは、「腑分無用論」を唱えて山脇を批判、論争となった。

だが、一度燃え上がった探究の炎を消すことはできない。その後、父の遺志を継いだ山脇の子玄侃や荻野元凱、河口信任などが、刑死者の解剖を実施した。そして明和八年（一七七一年）、小塚原刑場で前野良沢、杉田玄白らの立ち会いのもと、歴史的な解剖が行われたのである。

この際、前野と杉田はそれぞれ所有する『ターヘル・アナトミア』を持参した。そこに描かれた図と、実際に解剖された人体とを見比べた一同は、その正確さに驚嘆した。その後、彼らは一大決心のもと、協力して同書の翻訳作業に取り掛かったのである。

辞書もないところから始まった翻訳作業がいかに困難を極めたかは、玄白の『蘭学事始』などに詳しい。

友人の偉業を知るにつけ、自分はこの間一体何をしてきたのか。ドドエンスの本草書の翻訳も結局、中途半端なまま終わっている。七六ページに引用した芳賀徹氏の言のごとく、かつての希望は今や「慙愧の種」になってしまったのである。

あまり過去を振り返ることのない源内だったが、さすがに忸怩たる思いがこみあげてきた。

「じつは困っていることがあるのだ」

腕組みをして思いにふける源内に、玄白が深刻そうな顔で打ち明けてきた。

「なにをだ？　ここまでくれば、もはや刊行を待つばかりではないか」

「じつは挿絵を描いてくれる者がまだ見つかっておらぬのだ」

「絵を描くものなどいくらでもおるだろうに」

「いや、そう簡単な話ではない。おぬしならよくわかるだろう。このたびの挿絵でなにより求められるのは写実じゃ。貴公が入手した動物図譜のような写実。浮世絵では用が足りぬ。西洋の絵画の技法に通じておる者がなんとしてもほしい」

「はて、そのようなものがおったか」

「なにをいう。おぬしがいるではないか。源内先生にこの本の挿絵をお願いできないだろうか」

「いや、わしは相変わらず多忙でな。時間がとれぬ」

「それは弱った」

「おお、そうだ。よい者がおる。秋田藩の小田野直武だ。わしが仕込んだだけに腕は確かだ。あやつにやらせればよい。さいわい今、わしのところに来ておる」

こうして解体新書の挿絵は源内の弟子にゆだねられることになった。

## 小田野直武と秋田蘭画の発展

小田野直武は秋田藩角館に生まれ、幼少より絵を好み、藩内の絵師から狩野派を学んだ。美人画も描いてその才能を認められ、秋田藩主・佐竹義敦《よしあつ》（曙山）に目をかけられるようになった。義敦もまた絵を好み、狩野派を学んだ文人藩主だった。

源内と直武との師弟関係ができたのは、前述のように源内が鉱山の技術指導のために角館を訪れた折である。

言い伝えによれば、宿舎とした酒造業者宅で屏風絵を見て、その巧みさに驚いた源内は、誰の作かと問い、角館支藩士小田野直武の筆と知らされた。そこで直武を宿舎に招いて、遠近法や陰影法など、知る限りの西洋絵画の技法を手ほどきしたという。

この際、源内が「お供え餅を上から描いてみなさい」と直武に描かせ、輪郭で描く日本画では立体表現が難しく、西洋絵画の陰影表現ならそれができると教えたという逸話がよく知られている。しかしこれらのエピソードはいずれも後代の創作との見方が強い。

源内が江戸へ帰ると、義敦は直武にさらに研鑽を積ませるべく、「銅山方産物吟味役」に任じて、江戸へ上らせた。源内宅に寄寓した直武は、図鑑などを参考に画業に励み、日本画と西洋画を融合した新しい画風を確立していったのである。

直武が『解体新書』の仕事を依頼されたのはこの江戸修業中だった。彼は期待に応え、短期間で見事に課題を成し遂げた。その序文で「下手ですが、断りきれないので描きました……」と謙遜しているが、そのリアルな挿絵は『解体新書』のもっとも重要な一部であると賞賛された。

翻訳作業には直接参加できなかった源内だが、弟子が大きな役割を果たしたことで、充分過ぎる貢献をしたといえるだろう。

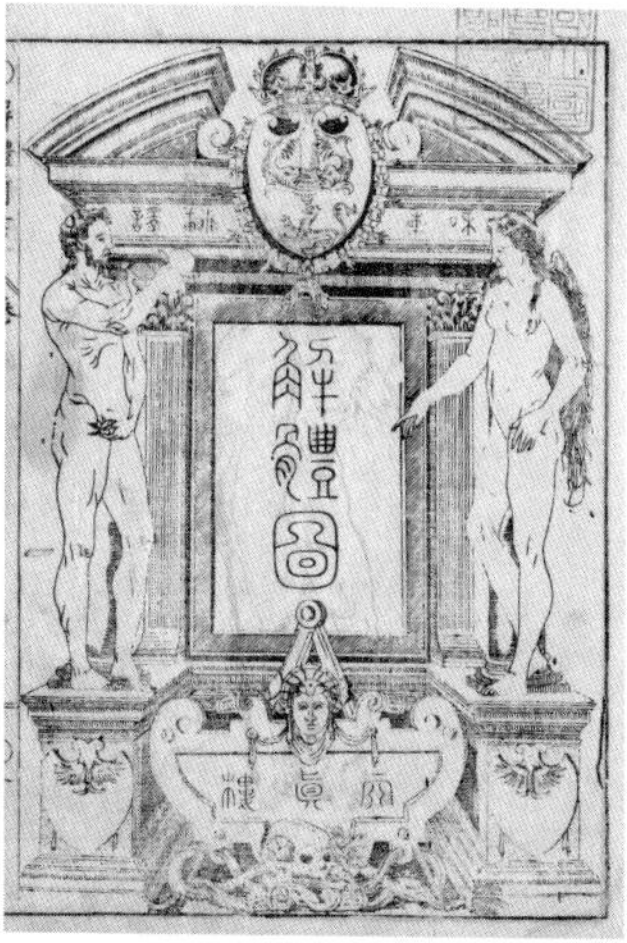

小田野直武が描いた『解体新書』の扉絵（国立国会図書館蔵）

秋田に帰った直武は自ら生み出した画法を、佐竹曙山や同じ佐竹氏一門の佐竹北家当主佐竹義躬《よしみ》に伝えた。この三人が中心になって秋田藩士などによって形成された一派が「秋田蘭画」である。

その画風は西洋絵画にならった遠近法を誇張して取り入れ、画題は風景や静物を選びながら、画材は日本画に従うという和洋折衷の独自のものだった。三人の死とともに画風は絶えたが、その極端な遠近法は浮世絵に大きな影響を与え、また直武に習った司馬江漢を通じて、日本近代絵画のルーツの一つにもなっていったことは、すでに見た通りである。

# 第十章　非常の死

## エレキテル模造事件

安永七年（一七七八年）、源内はすでに五〇の坂に近づいていた。そんな先生を大いに腐らせる事件が発生した。それはエレキテルの偽物事件である。

事件を起こしたのは、同じ長屋に暮らす弥七という細工職人。弥七は源内宅の欄干を造作したり、源内のエレキテル製作を手伝ったりといわば身内のような間柄。この男が同業の忠左衛門と組んで源内の名を騙り、エレキテルの模造品を作って売ったというのである。肝心の器械は形だけの真似だったため、放電は起こせなかったが、弥七はこのインチキ・エレキテルで六両の金をせしめたという。

源内はこの事実を、偽造に関与させられた鋳物師からの報告で知った。縁者に裏切られた怒りは激しく、糾弾すべく奉行所に訴え出た。その怒りには収入源にもなっていたエレキテルの偽物を作られ、わずかな食い扶持を奪われる危機感も加わっていただろう。

模造品を訴えたこの裁判は、前代未聞の著作権裁判となるはずだった。しかし裁きが下る前に、弥七が牢内で病死したため判決には至らなかった。

もっとも裁きが下ったところで、著作権という考えも法律もない時代、権利侵害や盗作による吟味がなされることはなかっただろう。それに当時のエレキテルの扱いは、縁日や芝居小屋の見世物と同列。見世物小屋の「六尺の大いたち」や「へび女」の出し物を盗まれたところで、訴えることなどできないという話だった。

ここで特許の歴史について、西洋から紐解くと、古代から職人たちは数々の機械仕掛けを発明してきたが、彼らの名はほとんど残されていない。蒸気の発明で知られるアレクサンドリアのヘロンや、古代ギリシアの万能科学者アルキメデスなどは例外的存在である。これは文書や記録が残されていないという理由だけでなく、古代には発明は神の業であり、人間はそれを代行しているに過ぎないという認識だったからだ。

中世にも、制作物に署名するという習慣自体がなかったが、いわゆる高級職人たち（その代表がレオナルド・ダ・ヴィンチである）の中には、自らの功績を伝えるため作品に名を記す者も出るようになった。そこから創造を天才的な個人の所産とみなして、これに特別な権利を授与するという観念も生まれた。

近代的な特許の起源は、一四世紀初頭にイギリスのエドワード三世が発行した特許状だというのが定説だが、制度として整備されるようになったのは、一五世紀頃のヴェネチア共和国（イタリア）だった。その特許法では、発明の実用性と新奇性に対して一定期間の特許権が認められた。

このヴェネチアの法律に影響を受けて、一六世紀半ば、イギリスのエリザベス一世は外国から来た優秀な職人の技術に対して排他的独占権を与えた。さらに一七世紀にはジェームズ一世の治世下、新奇な製造、発明に限って議会が専売権を認めるという専売条例（「独占大条例」）が制定されたのである。産業革命期の発明家の起源はここにあるだろう。

一八世紀後半には、アメリカやフランスでも特許制度が整えられるようになった。特にアメリカでは、リンカーン大統領が実施した特許重視（プロパテント）政策の役割が大きかった。これによってエジソン、ベル、テスラらの歴史に残る大発明が生み出され、一九世紀の発明家全盛時代を迎えるのである。

しかしこれは源内の時代よりずっと後の、しかも外国での話。江戸時代の日本にも、国友一貫斎、田中久重、大野弁吉などの高名なからくり師、伝説の左甚五郎などの名工がいたが、特許という考えはなく、法的に整えられるのは明治一八年（一八八五年）の専売特許条例の制定以降のことである。

それはともかく、空振りに終わったとはいえ源内の訴状は発明者の権利侵害に対する訴状第一号となった。記念すべきその現物は現在、志度の源内記念館に保存されている。

天馬空を行くがごとき人生を駆け抜けてきた源内先生だったが、この事件のあたりから、どうも世間と噛み合わなくなってきた。

鉱山事業、木炭製造事業の相次ぐ失敗、陶器製造や羅紗製造も中途半端に終わり、戯作は当たらず、エレキテルは盗まれ、とやることなすことボタンの掛け違い。それを見て、一時はあれほどもてはやしていた世間も、大風呂敷、山師とそしる始末。さすがの源内も己の才能に対する自信と現実との落差に苛立つことが増えていった。それに例の「仕官御構」のせいかどうかはわからないが、相変わらず浪々の身では金銭的な苦労も多かった。

フリーランスが生きていくのが難しいのはいつの世も同じ。いや、自由業という概念すらなく、仕官できなければ単なる失職者でしかなかった時代にはもっと大変だったにちがいない。源内ほどの才能をもってしても、安定した身分や収入に勝つのは容易ではないのである。派遣社員やフリーランスが増えてきた今のご時勢、彼の境遇に同情する人も多いのではないだろうか。

この頃、源内は戯作『天狗髑髏鑒定縁起』に「所は神田大和町の代地、一月三分の貸店に、貧乏に暮らせども」と書き、『放屁論』後編にはエレキテルを発明した浪人「貧家銭内」を登場させている。いずれもおのれの貧窮を笑う悲しいジョークだった。作品自体にも、『風流志道軒伝』や『根南志具佐』のような皮肉や諧謔の代わりに、世間に対する八つ当たりと思える罵倒が目立ってくる。彼の人生の不幸な結末も、そんな憤懣が引き金になったのだろうか。

## 非常の死

常に新奇なものを求めて、日本全国をかけめぐった時代の寵児を、天は畳の上で死なせてはくれなかった。

安永八年(一七七九年)夏、源内は神田大和町から神田橋本町に居を移した。そこは貸金業を営んでいた神山検校の旧宅だった。検校は悪事を働いたかどで追放されて野垂れ死にし、その子も屋敷の井戸に落ちて死んだといい、幽霊が出るとの噂があった。いわば凶宅。そんな薄気味悪い家をあえて住まいに選んだところに源内の運気の下降があらわれていただろう。

果たせるかな、転居して半年もたたないうちに極め付きの凶運が彼を襲った。その年の一一月、源内は自ら奉行所に出頭すると、驚くべき申し立てを行った。酒の上の過ちから人を斬り殺したというのである。この頃の源内は、江戸で知らない者がいないほどの有名人。その名士が引き起こした殺人事件は、江戸市中を騒然とさせ、一大スキャンダルに発展した。今なら連日ワイドショーを賑わす大ニュースになっただろう。

しかし、その割に事件の詳細については不明な点が多い。動機はおろか、斬った相手さえはっきりしていないのだ。

前出木村黙老の『聞まゝの記』によれば、被害者はさる大名の庭に関する普請を請け負った町人だという。工事には莫大な費用がかかると知った大名は念のため源内に見積もりさせた。仕様書を見た源内は自分なら費用を大幅に節減できると豪語、仕事が源内の手に移りそうになったため、町人と関係役人との間で争いになった。その後、源内と町人が共同で請け負うことで和解が成立。その仲直りのため役人も交えて源内宅で酒宴がもうけられた。

源内の斬新な構想に役人も町人も感心し、宴は大いに盛り上がった。役人は途中で帰ったが、町人と源内は最後まで飲み明かし、泥酔して二人ともそのまま寝てしまった。翌朝起きて、設計や見積もりの書類がないのに気付いた源内は、町人が盗んだのではないかと疑って問い詰めた。町人は身に覚えがないと反論、口論の末、逆上した源内が刀で斬りかかった。町人は深手を負いながらかろうじて逃げ出したという。

相手を追ううちにふと我に返った源内は、あの深手ではおそらく助かるまい。自分は人殺しの罪は免れないから、自殺するしかない。そう思い定めて、身の回りの整理を始めた。するとなんと、盗まれたと思った書類が手文庫から出てきたではないか。「しまった！」と思ったところで、後の祭り。罪を悔いて切腹しようとしたが、駆けつけた門人たちに止められ、それで自首して出たのだという。

今のところこれが有力視されているが、異なる資料も残されている。その一つが、『江戸名所図会』などで知られる著述家斎藤月岑《げつしん》によるものである。『平賀実記』上巻に付された彼の注記によれば、斬られたのは二人。ひとりは源内の門人で米屋の倅神田久五郎、もうひとりは勘定奉行の中間《ちゆうげん》、丈右衛門である。後者も源内とは付き合いの深い知友だった。

殺害の動機は不明だが、二人が源内宅に宿泊した翌朝、些細なことから口論になり、発作的に刀を抜いて切りつけたとのこと。丈右衛門は指を切られながらかろうじて逃げ出し、久五郎は頭を切りつけられた傷がもとで亡くなったのだという。

この殺傷事件の動機については、これまで源内の乱心によるとの説が主流だった。たしかに彼は晩年、乱心の言動があったと伝えられている。

そのひとつは弟子の森島中良を楽屋裏で血相変えて罵った事件である。凶宅に引っ越した頃、中良が合作した浄瑠璃『驪山比翼塚《めぐろひよくづか》』が上演され、大当たりした。これに対し、源内の戯曲が不評だったため、弟子に嫉妬して八つ当たりしたのだと見られている。ほかにも弟子や知人に理不尽な怒りをぶつけることが度々あったという。こうした八つ当たりに近い怒りは、晩年の著作にも繰り返し現れている。

もう一つの証拠とされているのが、源内が描いた奇妙な絵である。大田南畝が源内を訪ねて書を請うと、源内は最近得意の絵があるといって、すぐに描いてくれた。その絵柄は、一人の男が崖の上から小便をし、それを崖下の男が頭から浴びてありがた涙を流しているというなんとも判じがたいものだった。

そこからこの事件も乱心によるものと推測されているが、それ以上くわしいことはわかっていない。

しかし、ここで少し考えてみたい。こうした奇行を取りあげて乱心と即断してよいものか。彼はもともと怒りっぽいところがあり、晩年は特に感情が安定しなかったようだが、それだけで狂乱とまで言えるかどうか。しかも、それと事件を結びつけるのはいかにも短絡的に過ぎる。

源内が晩年、周囲も驚くほど怒りっぽくなったのは、五〇歳に近づいたという歳のせいもあるだろう。だが、根本にあったのは国益にかける己の高い志を理解しようとせず、山師とそしる世間に対するものだったのではないか。

されども人と生れし冥加の為、国恩を報せん事を思ふて心を尽せば、世人称して山師といふ。(『放屁論』後編・追加)

また、南畝に与えたへんてこな絵も、芳賀氏は「まったく意味不明」と断じているが、世の人間など、小便をかけられて有難がっている程度のものだという彼一流の皮肉だったのではないか。たしかに諧謔が少しストレート過ぎる気はするが。

では、なにが江戸の寵児を無益な殺人劇に走らせたのか？　酒の酩酊による喧嘩の上か、乱心か。故意か、過ちか。ひょっとしたら凶宅の祟《たた》りか。肝心のところはやはりよくわかっていない。

自首から一月ほど後、源内は伝馬町の牢内で病死した。この死因についても不明な点が多い。黙老の『聞まゝの記』には牢内で患った破傷風による病死とあり、今のところこの説が有力だが、後悔と自責から絶食して餓死したとかの説もあって定まっていない。

当時の伝馬町牢の環境は劣悪で、病をえて獄死する者が後を絶たなかったというから、源内が病死したとしても不思議はなかった。いずれにしても、鬼面人を驚かす非常の人は、最後まで世間を驚かせ続けて世を去ったのだった。

葬儀は杉田玄白、千賀道隆・道有親子、平秩東作ら親しい縁者の手で行われた。

戒名は智見霊雄。墓所は浅草にあった曹洞宗系の名刹総泉寺。これは同寺が彼の庇護者であった千賀家の菩提寺だったからだろう。墓碑には本書冒頭に掲げた畏友

台東区橋場の源内の墓

玄白による銘が刻まれた。

この墓は現在、台東区橋場にあり、国史跡に指定されている。総泉寺は昭和三年、板橋区小豆沢《あずさわ》に移転したが、墓はその後も当地に残され、今も源内ファンの巡礼地となっている。

葬儀に関してもさまざまな伝説や憶測がまとわりついた。

従来の定説では、罪人の死だけに幕府の許可が下りず、墓碑も遺体もないままの寂しい葬儀となったという。この根拠は最大の理解者である玄白の碑文にあった。そこには、「官法尸《しかばね》を取ルヲ聴《ゆる》サズ」という文言が記されていたからだ。だが、最近ではそれは表向きの話だという見方が有力になっている。

大田南畝は、遺体は妹婿の権太夫に引き渡されたと記している。実際、源内の墓はのち平賀家の菩提寺である志度の自性院常楽寺に分骨されたが、その際、総泉寺の墓から明らかに源内のものと思われる骨壺が出てきた。このことから、源内の遺骸がここに埋葬されたのは間違いなく、玄白の碑文は公儀に対して表向きを繕ったものか、彼の誤解で、南畝の記述が正しいと見られているのだ。

源内の最期については、ほかにも虚実交えて語られてきた。前述のように、実は源内は獄内では死んでおらず、秘かに牢を抜け出して生き延びたという説まである。

それによれば源内は元獄医の千賀道隆によって伝馬町の牢から秘かに逃がされ、名前を隠して相良城下に居を構えた。そして田沼の庇護の下、医師として天寿をまっとうしたというのである。

牧之原市前浜には源内が隠棲していたとされる「源内屋敷址」が残され、同市福岡の日蓮宗浄心寺には源内の墓とされる墓もある。しかしこの伝説は伝説でしかなく、典拠もない。

郷里志度の源内の墓

源内生存説は水戸藩の本草学者佐藤中陵のような一流の学者にまで信じられていたというが、これは英雄の死を惜しむ民衆の想像力が生み出した幻に過ぎないだろう。平泉で殺されず、生き延びて北海道からモンゴルに渡り、ジンギスカンになったという源義経を筆頭に、明智光秀、真田幸村、大塩平八郎、西郷隆盛など、外国ではジャンヌ・ダルク、アドルフ・ヒトラー、エルビス・プレスリー、マイケル・ジャクソンなどの生存伝説と同種のもの。つまりは、源内がそれだけスーパースターだった証である。

## 早過ぎた近代人?

筆者は冒頭、源内の評価についてこのように記した。

「ある者は、山師といい、ある者はあまりの多才ゆえにまとまった業績を残せなかったと才能の浪費を惜しむ。ある者は早過ぎた近代人と呼び、また、偉大な万能人としてレオナルド・ダ・ヴィンチと、大発明家としてエジソンと並び称す。この評価の多様さがそのまま源内という人物の多才さと結びつく」

その真実を探るため、科学史、技術史、文学史、美術史など、その多様さのままにさまざまな角度から検討を加えてきた。ではその結果として、現代から見て源内の業績はどう評価されるだろうか。

まず科学の分野における業績だが、特筆すべきは大方の評価どおりやはり本草学に関するものである。上野益三氏も指摘するように、その関心は旧来の本草学にとどまらず、西洋の博物学や自然誌に向かって開かれており、近代の植物学や鉱物学にまで引き継がれるものだった。

一方、西洋近代科学の根本にある究理学（物理学）についてはどうだったか。これについては、コペルニクスの地動説やガリレオやニュートン力学への理解を示した記述は見当たらない。電気学についても、理論的・実験的に探究したという事実はなく、評価の対象にはならないだろう。前者については、彼の死から二〇年あまり後にニュートン力学の翻訳紹介に努めた志筑忠雄を、後者についても橋本宗吉の実験的研究を待たなければならなかった。

火浣布、芒消、タルモメイトル、歩数計、エレキテルなどを製作したからくり師、発明家としての業績はどうだろうか。これについてはすでに見た通り、乏しい情報だけで原理を見抜き、実作してしまう理解力と行動力は称賛に価するが、やはり西洋の受け売りだった点は否めない。レオナルド・ダ・ヴィンチやエジソン、ニコラ・テスラなどの独創性には、やはり一歩も二歩も譲るだろう。

むしろ彼の真骨頂は、本草学を産業と結びつけ、意次の重商主義政策を具現化しようとしたこと、科学と国益を結びつけて考えたこと、さらに進んで科学・技術と産業を結びつけようとした点にあるだろう。それによって源内は一九世紀の産業技術社会をも先取りしたのである。この点に限れば日本のエジソンどころか、エジソンよりも先行していた。

ただし、エジソンは成功して産業界の寵児になったが、一方の源内の事業は大半が失敗に終わった。この原因は彼の移り気な性格にもあっただろうが、やはり時代や環境の違いが大きかっただろう。

源内が活躍したのは江戸中期、西暦でいえば一七〇〇年代の後半である。この時代は、西洋でもイギリスの産業革命が緒についたばかり。日本では殖産振興の気運はあっても、肝心の技術革新が起こっていなかった。西洋における産業技術社会の本格的到来は日本の幕末期であり、それが日本に輸入されるのは明治期に入ってからである。つまり源内は時代に約百年先駆けて、科学・技術と国益と産業振興を一本の線につなごうとして、ほとんど孤軍奮闘を余儀なくされたのだった。

文筆家、画家としての評価はすでに記したので省略するが、彼の浄瑠璃の代表作『神霊矢口渡』が今も東京の歌舞伎座はもちろん、全国各地のご当地歌舞伎でひんぱんに上演されていることを挙げておきたい。

そんな源内の生きざまについては、このような評価が行き渡っている。

彼はあり余る才能に恵まれながら、それをいたずらに浪費した結果、すべての事業が中途半端に終わった。一方、親友の杉田玄白は『解体新書』の翻訳という一事に専念し、歴史に残る大業を成し遂げた。源内も対象を一つに絞ってそれに集中していたなら、もっと大きな業績を挙げられたはずだ。そのことは彼自身も自覚していたに違いない。その証拠に晩年、「功ならず名ばかり遂げて年暮れぬ」と自嘲の句を残しているではないか、と。

こうした言説が広まる理由は理解できないわけではない。しかし筆者はあえてそれに異を唱えたいと思う。手を広げすぎたとか器用貧乏だとかいう批判は、源内の場合には当てはまらないのではないか。たとえそれが彼の才能を惜しむ気持ちから出たものであったにしても。

繰り返しになるが、源内の時代の学芸は、今ほど専門化、細分化されてはいなかった。現在なら植物学者、薬学者に分類される本草学者は、同時に物産の専門家でもあり、その延長として鉱山開発や産業の育成に乗り出したとしても少しも不思議はなかったのである。このあたりの在り方は、師の「人参博士」田村元雄がよく体現していただろう。そこからさらに文芸の世界へ進出というのは、多少違和感はあったかもしれないが、当時の談義本の作者はインテリの素人が多く、これもまた珍しいことではなかった。

つまりは、源内本来の多面的な才能が、それらの可能性に向かって開かれていったにすぎないのではないか。それこそが器用貧乏だと言ってしまえばそれまでだが。

器用貧乏批判がある一方、逆に、源内をいわゆる理系と文系の壁を乗り越えたと賞賛する声もある。理系には一般に理学、工学、医学、農学など、文系には法学、文学、社会学、経済学、教育学などの学問分野が含められるが、こうした分類に従えば、本草学（植物学・鉱物学）やからくり（技術）の探究は理系、戯作や俳句に勤しんだのは文系の仕事と分けられるだろう。

その意味では垣根を取り払ったとも言えるが、源内の時代にはそもそもそんな区別がなかった。そうした区分けが生まれたのは明治以降の日本で、理由は予算に絡む便宜的なものだったというのが定説だが、それが固定化して現代に残っているのである。本来アマチュアの彼らは理系だろうと文系だろうと興味の赴くまま自由に学び、研究し、創作していった。国学者として名を成した本居宣長は医学者でもあった。同じく国学の平田篤胤も医学者であり、自然科学にも深い関心を示した。その意味では源内だけが突出していたわけではない。

この点は同時代の西洋でも同じだった。一八世紀、生物学、鉱物学は本草学や博物学に括られ、物理学、化学、地学、天文学などは哲学とともに自然哲学に分類されていた。一人の中に博物学者、自然哲学者、思想家、文学者が同居している例も珍しくなかった。その代表が、『若きウェルテルの悩み』や『ファウスト』などで知られる一八〜一九世紀ドイツの文豪ゲーテである。彼は解剖学、植物学、光学など自然科学の分野でも第一級の業績を残した。

つまり、科学が偉大なアマチュアのものだった時代に、東洋の島国にも源内という飛び切りの異才がいたというにすぎない。

それやこれや含めて、源内が五二年の生涯において、持ち前の好奇心と知的関心を十全に開花させ、科学から文芸にまたがる数々の分野で先駆的業績を上げたこと、それによって士族から町人にまで刺激を与え、江戸の文化創造と活性化に大きな役割を果たしたことは間違いない。それはまさに、彼にしか成しえない「先走り」の人生だったと言えるだろう。

ああしていればこうしていればと、後から、ないものねだりをしても仕方がない。変幻自在、多彩なスペクトルのようなその生き方こそが源内にほかならないのである。

ただし千変万化の源内の生涯にも一貫していることがあった。それは、旺盛な事業欲の根源にあった日本の自然に対する深甚な知的関心。そして深い愛郷心と愛国心である。

火浣布には石綿、芒消には朴消、鉱山事業には金、銀、銅、鉄。彼の事業の核に、つねに足元の自然に向いた強烈な関心と深い知識があったことはすでに見てきた通りである。

郷里への思いは、志度焼や源内焼に注いだ情熱や、渡辺桃源らとの交わりを見ればわかる。そして幕府や一藩の利益にとどまらない日本の国益という発想。後者は二度の長崎遊学をへてますます磨かれ、もはや執念と呼べるまでになっていた。

……我は只及ばずながら日本の益をなさん事を思ふのみ。(『放屁論』後編・追加)

なるほど源内に栄達の野心や、山師的な功名心がなかったとは言えまい。お金もほしかったはずだ。ただ、その欲念はあくまでも、産業の創出によって郷土や日本を富ませるという大目標に対応するもので、個人の名利栄達のためだけに動くことはなかった。常に大望に向かって邁進する楽天的な前のめりの姿勢は、いっそ清々しくさえある。志度で、あるいは彼が足跡を残した各地で、未だに源内先生と呼ばれて敬愛されているのも、それゆえだろう。

非常の人は、思いの深い情念の人であり、決して非情の人ではなかったのである。生涯の友であり、源内の思いをもっともよく知る渡辺桃源が、獄死の翌年に、源内一周忌に際し、追悼文を寄せている。その言葉は最愛の友を哀悼する心情にあふれている。

抄訳を最後に掲げて本書の締めくくりとしたい。

「鳩渓雅伯（源内）は讃岐の豪傑であるばかりか文才にも富んだ人だった。……神田に住まい、高貴な人とも賤しい人とも親しく交わり、関東八国から福岡まで歩き、国益のみに心を砕いて、伝説の巨鳥大鵬のように心もちが大きく、中国や外国にも名を知られ、その才を賞賛されている。去年の冬、不慮の災難に遭い、一二月一八日、病で世を去ったという訃報を聞き、親しき者はなおさら、知らない者まで惜しまない者はいなかった。

人は亡くなってから偲ばれるものだが、まして両の手のように親しくしてきた友であれば、訃報を聞いて、心が消えるような深い悲しみに襲われたものだった。長年、関東に杖をついて歩き、松島や秋田の象潟へ一緒に行こうと約束していたが、これでその約束も果たせなくなった。

齢五〇歳で、まだ志を遂げられなかったことがさぞ悔しかったにちがいないと、今わの心も思いやられて、胸がふさがれるような思いがする。「村雨や夜は衾に昼は袖」とは、その時の嘆きを詠んだ歌である。月日は流れてはや一周忌となった。驚きは今も変わらず、ひとり涙をぬぐって昔を思い出すばかりである。

友呼ぶはよく我を知る千鳥哉

三千舎桃源」

## あとがき――「非常の人」源内との出会い

平賀源内について本格的に調べ始めたのは、ここ一五年ほどである。それまではこの異才について知っていたことは、エレキテルを修理したこと、さまざまな科学器具を発明したこと、「土用の丑の日」に鰻を食べるよう勧めるコピーを書いたこと、戯作ものにしたこと。つまりは江戸を代表するマルチクリエーターだったといった程度。恥ずかしながら、この点では多くの日本人の知識と大同小異だった。

子供の頃、子供向けの伝記をよく読んだが、とくにレオナルド・ダ・ヴィンチとエジソンの生涯にひかれた。その影響は今も続いていると思う。しかし当時、平賀源内の子供向けの伝記はなかったので、残念ながらその天才に触れる機会はなかった。

もっとも、今の若い世代は違っているかもしれない。今回、集英社の学習漫画シリーズに収められた源内の伝記を読んで、その充実した内容に驚かされた。一九八八年刊行のこの本を子供の頃、読んでいればどれほど刺激を受けたことだろうか。もし読まれた方がいれば、その方は一五年前の著者よりよほど深い知識をお持ちということになる。

そんな著者が源内と深く関わるようになったきっかけは、学研の「大人の科学マガジン」のウェブで、江戸の科学者の一人として取り上げさせてもらったことだった。

城福勇氏、芳賀徹氏など優れた先人の研究を通して知った源内は、気鋭の本草学者、国産に情熱を注ぐ産業人、エレキテルなど科学器材の製作者、西洋画の先駆者、風刺とユーモアの人気作家と、まさに千変万化の活躍ぶり。その万華鏡のような才能に夢中になった。

『解体新書』で有名な医師杉田玄白との友情、側用人田沼意次との隠された関係なども強く印象に残った。

そんな源内にもっとも相応しい呼称は、本書のサブタイトルにもある「非常の人」ではないかと思う。これは杉田玄白が源内の墓碑に記した言葉である。

「嗟　非常ノ人、非常ノ事ヲ好ミ、行ヒ是レ非常、何ゾ非常ニ死スルヤ」

非常の人、常ならない人、常と異なる才能の人。つまりは天才である。本書では多様な業績を通じて源内の天才たるゆえんを追った。同時にそれを生む人間源内にも目配りしようと努めた。

天才といっても神や悪魔ではない。人間である。そこには人間ゆえの苦悩や挫折、そして喜びや悲しみがある。それを知るために注目したのが文筆家としての源内である。彼の俳句や戯作、そして身内や友人に宛てた書簡を読み、発明家、科学者源内の活動と、彼の時々の心情が深いところで響きあっていることがわかった。

本書の目論見はマルチな才能をマルチなまま捉えることにあった。その目標はある程度達せられたと自負している。とはいえ新書のボリュームではその多面的個性を十全に捉えきれないというもどかしさも残った。また挑む機会があったら、その天才と人間性にさらに肉薄できればと思っている。

最後に今回も遅筆な著者に辛抱強くお付き合いくださった岸本洋和さんに深甚なる感謝の意を表したい。

二〇二〇年五月

新戸雅章

# 参考文献

東徹『エレキテルの魅力』（裳華房、二〇〇七年）
猪山健「秩父鉱山と平賀源内」（埼玉県立自然史博物館『自然史だより』第一号、一九八五年）
入田整三編『平賀源内全集』全二巻（名著刊行会、一九七〇年）
上野益三「博物学者平賀鳩渓（源内）」（『ユリイカ』通巻二六二号、一九八八年）
大石慎三郎『将軍と側用人の政治』（講談社、一九九五年）
奥村正二『平賀源内を歩く』（岩波書店、二〇〇三年）
川原崎次郎『平賀源内と相良凧』（羽衣出版、一九九六年）
斎藤良輔『おもちゃの話』（朝日新聞社、一九七一年）
司馬江漢「西洋画談」（『日本画談大観』所収、目白書院、一九一七年）
城福勇『平賀源内』（吉川弘文館、一九七一年）
杉田玄白『蘭学事始ほか』（中央公論新社、二〇〇四年）
田中優子『江戸の想像力』（筑摩書房、一九八六年）
土井康弘『本草学者　平賀源内』（講談社、二〇〇八年）
永原慶二監修『学習漫画 日本の伝記 平賀源内』（集英社、一九八八年）
芳賀徹編『日本の名著二二　杉田玄白　平賀源内　司馬江漢』（中央公論社、一九七一年）

芳賀徹『平賀源内』（朝日新聞社、一九八九年）
平賀源内『風来山人集』（岩波書店、一九六一年）
風来山人（平賀源内）『風流志道軒傳（自由訳）』（言視舎、二〇一一年）
布施光男「江戸時代電気技術はどう培われたか」（『電気学会誌』一一五巻一号、一九九五年）
武藤元昭「平賀源内――「平賀ぶり」の文体」（『国文学 解釈と鑑賞』五九巻八号、一九九四年）
横田順彌「極私的『風流志道軒伝』SF!?観」（『ユリイカ』通巻二六二号、一九八八年）
礫斎老人『平賀実記』（書写、書写年不明）

【著者】
新戸雅章（しんど まさあき）
1948年、神奈川県生まれ。横浜市立大学文理学部卒。テスラ研究所所長、テスラ記念協会会員。ニコラ・テスラ、チャールズ・バベッジなど、知られざる天才の発掘に情熱を注ぐとともに、その発想を現代にいかす道を探る著作活動を続けている。主著に『発明超人ニコラ・テスラ』（ちくま文庫）、『ニコラ・テスラ未来伝説』（マガジンハウス）、『バベッジのコンピュータ』『逆立ちしたフランケンシュタイン』（以上、筑摩書房）、『テスラ』（工学社）、『天才の発想力』（サイエンス・アイ新書）、『知られざる天才 ニコラ・テスラ』『江戸の科学者』（以上、平凡社新書）など。

平凡社新書949

平賀源内
「非常の人」の生涯

発行日——2020年7月15日　初版第1刷

著者———新戸雅章
発行者——下中美都
発行所——株式会社平凡社
東京都千代田区神田神保町3-29　〒101-0051
電話　東京（03）3230-6580［編集］
　　　東京（03）3230-6573［営業］
振替　00180-0-29639
印刷・製本—株式会社東京印書館
装幀———菊地信義


ISBN978-4-582-85949-2
NDC 分類番号289.1　新書判（17.2cm）　総ページ224
平凡社ホームページ　https://www.heibonsha.co.jp/